Katharina Mahrenholtz

Babyzeit, Kinderzeit

Katharina Mahrenholtz * Dawn Parisi

Babyzeit Kinderzeit

Spielend lernen und verstehen

sanssouci

Wichtiger Hinweis:

Die Informationen und Ratschläge in diesem Buch wurden von der Autorin und dem Verlag mit größter Sorgfalt erarbeitet und geprüft. Wir danken Frau Dr. Meike Schoenknecht für die Beratung in allen Fragen, die die Entwicklung des Kindes betreffen. Eine Garantie (z. B. für wohlgelaunte Kinder, aber auch für deren Sicherheit!) kann jedoch nicht übernommen werden. Eine Haftung der Verfasserin bzw. des Verlags und seiner Beauftragten für Personen-, Sach- und Vermögensschäden ist ausgeschlossen.

Unser gesamtes lieferbares Programm und viele andere Informationen finden Sie unter www.sanssouci-verlag.de und www.kompetent-im-trend.de

1 2 3 4 5 13 12 11 10 09

ISBN 978-3-8363-0164-0

Einbandgestaltung und -illustration: Dawn Parisi, Hamburg
Satz: Dawn Parisi, Hamburg
Druck und Bindung: Kösel, Krugzell
Printed in Germany

Inhalt

Inhalt

00 # Vorwort

VORWORT

In den ersten Wochen als Eltern bewegt man sich zwischen Euphorie und Erschöpfung. Aber irgendwann wird der Ausnahmezustand zum Alltag, ein Elternteil geht wieder ganz normal zur Arbeit, während der andere zu Hause sitzt und sich fragt: »Und jetzt? Was mache ich den ganzen Tag mit dem Baby?« Abgesehen von füttern, wickeln und wiegen müsste man doch auch irgendeine Art von Entertainment liefern, oder? Früh fördern und so. Muss man zwar nicht, so viel sei vorweg genommen, aber man kann. Und dabei will dieses Buch helfen. Nicht nur in den ersten Monaten, sondern auch dann, wenn das Baby zum Kleinkind geworden ist und immer mehr kann. Allerdings noch keine Brettspiele, Origami oder Rallyes durch Museen. Den ambitionierten Eltern fällt es da manchmal schwer, altersgerechte Beschäftigungsmöglichkeiten zu finden, die die Kinder nicht überfordern und damit auch binnen Sekunden langweilen. Gerade kleine Kinder mögen es schlicht, nicht umsonst haben sich Spiele wie »Guguck – daaaa!«, Lieder wie »Ringel, Ringel, Reihe« und Verse wie »Das ist der Daumen« über Jahrzehnte bewährt.

Und damit Sie wissen, warum Ihr Kind verstecken spielen gerade superlustig findet und wann es endlich eine Schere halten kann, gibt es ein Bonus-Kapitel zu den Entwicklungsschritten im Alter von 0–3 Jahre. Ist doch immer wieder beruhigend zu lesen, dass sich das eigene Kind ganz normal entwickelt, auch wenn es »erst« mit 14 Monaten anfängt zu laufen und mit zwei Jahren noch keine vollständigen Sätze spricht – im Gegensatz zum Nachbarskind, das mit eineinhalb Jahren bis zehn zählt und mit neun Monaten schon laufen kann. Es stimmt einfach: Jedes Kind ist anders.

WELCHER SPIELTYP SIND SIE?

Ach ja, früher als Kind, da hat man gespielt. Stundenlang, tagelang. Aber so zwischen Pubertät und Elternwerdung liegt ein großes Spieleloch. Bis auf Computerspiele (Männer), Pfänderspiele (Betrunkene) und mal einen Monopoly-Abend (Verzweifelte) hat man mit dem Thema »Spielen« so 15, 20, 25 Jahre nichts zu tun gehabt – bis man nun da sitzt: mit einem Baby bzw. Kleinkind, das beschäftigt werden will und gefördert werden soll. Auf diese Situation reagiert jeder anders – manch einer findet eine neue Passion, andere fühlen sich wie gelähmt.
Welcher Spieltyp Sie sind, können Sie mit unserem kleinen Test herausfinden.

01. Ihr zehn Tage alter Säugling verhält sich unruhig. Was tun?

a ☐ b ☐ c ☐

a) Sie ignorieren das Gequengel. Der wird sich schon wieder beruhigen.
b) Vielleicht langweilt er sich. Rauf auf den Hüpfball!
c) Babys brauchen Anregung. Also deklamieren Sie Gedichte, das schult das Rhythmusgefühl.

02. Auf dem Spielplatz. Ihre Tochter spielt im Sand. Wie beschäftigen Sie sich?

a ☐ b ☐ c ☐

a) Ich sitze auf der Bank und lese Zeitung!
b) Sie sieht so einsam aus. Einmal durch die Luft schleudern, juchuuh, und schwupp – auf die Rutsche. Dann lacht sie so schön.
c) Carpe diem. Sie benennen jede Sandform laut und deutlich mit dem englischen und französischen Namen.

03. Ein Mittwochnachmittag. Wie sieht Ihr Kinderprogramm aus?

a ☐ b ☐ c ☐

a) Programm? Spazieren gehen vielleicht und einkaufen.

b) Zur Wassergewöhnung und im Anschluss wird noch ordentlich im Wasser getobt!
c) Mittwochs ist doch der Frühenglischkurs. Ach nein, der ist dienstags. Mittwochs ist unsere Musikgruppe für Krabbelkinder.

a ☐ b ☐ c ☐

04. Eine längere Autofahrt mit Ihrer Zweijährigen steht bevor. Welche Vorkehrungen treffen Sie?
a) Ich hoffe auf seligen Schlaf und packe sicherheitshalber ein paar Kekse ein.
b) Wir nehmen die Fingerpuppen mit – damit kommt nie Langeweile auf.
c) Eine gute Gelegenheit, um mit »Ich sehe was, was du nicht siehst« mal die Farben zu üben!

a ☐ b ☐ c ☐

05. Eine Freundin kommt mit ihrem Sohn zu Besuch. Wie verbringen Sie den Nachmittag?
a) Wir lassen die beiden Kleinen spielen und trinken gemütlich Kaffee.
b) Ich räume alle Töpfe ins Kinderzimmer, und wir machen zu viert ein Konzert mit Kochlöffeln!
c) Wir backen Kekse in geometrischen Formen.

a ☐ b ☐ c ☐

06. Sommerfest in der KiTa. Wo findet man Sie?
a) Auf der Bank bei Kaffee und Kuchen. Die Kleine ist ja gut beschäftigt.
b) Ich mache eine Polonaise mit allen Kindern. Das finden die riesig.
c) Ich betreue den »Chemie für die Kleinsten«-Stand.

a ☐ b ☐ c ☐

07. Ein regnerischer Sonntag. Das Kind langweilt sich sehr. Wie schaffen Sie Abhilfe?
a) Teletubbies! Natürlich nur ausnahmsweise.
b) Wir machen einen Indianertag! Basteln Federschmuck, bauen ein Zelt, üben Tänze ein!

c) Genau das richtige Wetter für einen Kreativtag: Wir experimentieren mit Fingerfarbe, Knete und Salzteig.

08. Ihr Kind will nicht essen. Wie reagieren Sie?

a) Wahrscheinlich hat der Kleine keinen Hunger. Ich versuche es später noch mal.
b) Ich schmettere ein lustiges Brei-Lied und mache wilde Grimassen!
c) Ich schnitze kleine Tiere aus den Karotten und lasse ihn die Geräusche dazu machen. Die Apfelstücke zum Nachtisch darf er dann nach Größe sortieren.

a ☐ b ☐ c ☐

09. Sie fahren mit Ihrem Kind in den Urlaub ans Meer. Wie verbringen Sie die Tage?

a) Ich lese. Das Kind baut Sandburgen. Oder?
b) Ich baue für das Kind eine superduper Sandburg mit unserem neuen 24-teiligen Burgen-Förmchen-Set.
c) Wir sammeln Muscheln und identifizieren sie anhand eines Sachbuchs.

a ☐ b ☐ c ☐

AUSWERTUNG

Zählen Sie, was Sie am meisten angekreuzt haben:
a, b oder c – das bestimmt Ihren Spiel-Typ.

TYP SPIELEMUFFEL

»Spielen? Das Kind kann doch noch nicht mal einen Würfel halten!«

Klar soll Ihr Kind spielen. Alleine. Oder mit anderen Kindern. Sie halten sich da lieber raus. Wozu sich zum Affen machen und alberne Lieder singen? Warum hundertmal »Guguck?– da!« machen? Was bringt das Babyschwimmen, wenn die Babys da nicht schwimmen lernen? Wieso eine Riesensauerei mit Farbe veranstalten, wenn eh kein Bild dabei rauskommt? Natürlich beherrschen Sie für den Ernstfall ein paar Tricks, und natürlich freuen Sie sich schon auf später, wenn das Kind ein ernsthafter Schachgegner sein wird. Aber bis dahin dauert es noch.

Sie haben schon recht: Man sollte es nicht übertreiben. Untertreiben aber auch nicht. Vielleicht finden Sie in diesem Buch ein paar Anregungen für Spiele, die auch Ihnen Spaß machen könnten. Ihr Kind wird sich bestimmt freuen!

TYP ANIMATEUR

»Spaß muss sein! Ya, ya, yippie yippie yeah!«

Wann immer ein Kind in der Nähe ist, laufen Sie zur Hochform auf. Sie kennen lustige Lieder und Zaubertricks, haben wilde Spiele und verrückte Ideen auf Lager – und Sie sind für jede Albernheit zu haben. Voller Körpereinsatz ist Minimum. Sie toben genauso gerne wie die Kinder und freuen sich, wenn die Kleinen »Noch mal!« kreischen. Sie sind der Schrecken aller

anderen Erwachsenen und der Liebling der Kinder.
Sicher, Lachen und Bewegung sind tatsächlich sehr gesund für die Entwicklung. Aber manchmal ist weniger mehr.
Nicht jedes gute Spiel muss laut, schnell und actionreich sein. Gelegentlich brauchen kleine Kinder etwas Ruhe und nur leise Anstöße. Zu finden hier im Buch, neben altersgerechter Action natürlich. Falls Ihnen da doch mal die Ideen ausgehen.

TYP PÄDAGOGE

»Carpe diem: Spielen und lernen!«

Input, Input, Input. Man kann ein Kind gar nicht genug und vor allem nicht früh genug fördern – das ist Ihr Credo, und deshalb singen Sie englische Lieder und reimen französische Verse. Sie nutzen jede Gelegenheit, Wissen zu vermitteln – seien es Was-schwimmt-und-was-nicht-Experimente beim Baden oder ein naturkundlicher Grundkurs beim Spaziergang. Sie sprechen ausschließlich grammatikalisch korrekt mit Ihrem Kind und nehmen alle Kurse wahr, die sich anbieten.
Aber Achtung: Kinder möchten auch mal ohne Hintergedanken bespielt werden, rumalbern und toben. Zu viel Förderung hemmt sogar die Kreativität. Und das Tolle ist: Kinder lernen selbst bei den scheinbar sinnlosen Spielen, die Sie auch hier im Buch finden.

01 SPIELE FÜR DIE ERSTEN MONATE

01 Spiele für die ersten Monate

Es gibt für alles ein erstes Mal ...

Die ersten Monate sind einerseits die schwierigste Zeit in Sachen Kinderbeschäftigung: Wie um alles in der Welt soll man mit einem orientierungslosen Säugling spielen, der (entgegen Ihren Erwartungen) noch nicht einmal eine Rassel halten kann? Andererseits ist es aber auch die schönste Zeit, denn Sie werden Ihr Kind nie wieder mit so einfachen Mitteln begeistern können wie im ersten Lebensjahr. Allerdings hält die Begeisterung meist nicht allzu lange vor: Babys können sich nicht lange auf eine Sache konzentrieren, und wenn sie schon quengelig sind, hilft es wenig, ein Spielefeuerwerk loszulassen. Das wird dem Kind dann schnell zu viel, und es wird noch ungnädiger. Oft dienen die Spiele in den ersten Monaten übrigens hauptsächlich dazu, die verunsicherten (und gelangweilten) Eltern zu beschäftigen, die meinen, sie müssten irgendetwas mit ihrem Baby unternehmen. Es fördern, bespaßen, unterhalten.
Stressen Sie sich nicht allzu sehr! Wenn Sie mit Ihrem Kind sprechen und ihm ab und zu etwas Neues zeigen, immer mal ein Lied singen und ansonsten für eine ausgeglichene Atmosphäre sorgen – dann wird es sich so oder so wunderbar entwickeln, in seinem ganz eigenen Tempo. Trotzdem freut sich natürlich jedes Baby über etwas Extrazuwendung oder eine Sonder-Action – also, auf geht's:

ACHTUNG

Jedes Kind reagiert anders. Deshalb gilt generell: Genau beobachten, wann der Overkill einsetzt und ihm alles zu viel wird. Das »Zuviel« äußert sich dann nämlich in lautem, andauerndem Geschrei.

DIE WELT MIT ALLEN SINNEN ENTDECKEN

Die Sinne sind bei Säuglingen schon besser entwickelt, als man glaubt (siehe auch S. 123). Hören, sehen, riechen – das können schon ganz kleine Babys, und deshalb kann man sie mit entsprechenden Spielen auch schon sehr früh faszinieren.

Babytalk

MATERIAL nix!
ALTER ab etwa 2 Monaten
ORT DES GESCHEHENS geht überall, man macht es aber lieber unter Ausschluss der Öffentlichkeit
(ELTERLICHER) INPUT gering bis mittel

Zuerst schreien sie nur, aber mit etwa zwei Monaten beginnen Säuglinge, erste Laute zu machen. »Örö« zum Beispiel oder »ah«. Mit zwölf Wochen wird es vielleicht schon mal ein »g« oder »gn« oder ein »b«. Wenn Sie diese Laute vormachen, wird Ihr Kind sie nachmachen. Zuerst nur manchmal, dann immer häufiger. Nun können Sie die Unterhaltung um andere interessante Laute erweitern – wie Schnalz- und Ploppgeräusche, quietschende Küsse, pfeifen und prusten. Ihr Kind wird begeistert sein! Oder strecken Sie dem Baby mal die Zunge raus! Das kann es nämlich auch schon bald nachmachen.

Stille Post

MATERIAL eine Papprolle vom Küchenpapier
ALTER ab 0 Monaten
ORT DES GESCHEHENS geht überall
(ELTERLICHER) INPUT gering

Jetzt geht es um Geheimnisverrat! Mit einer Papprolle flüstern Sie Ihrem Kind etwas ins Ohr. Entweder nur einen kurzen Satz wie etwa ein verschwörerisches »Gleich gehen wir spazieren!«. Oder eine lange Geschichte, die gar keinen Sinn ergeben muss, es reichen auch zischende, geheimnisvoll klingende Laute. Ganz kleine Babys werden vor allem überrascht sein von dieser Aktion, größere können sich dann ausschütten vor Lachen. Wechseln Sie immer mal das Ohr – auch das ist eine interessante Erfahrung für Ihr Kind: Man kann abwechselnd links und rechts hören!

TOP TIPP
Das Flüsterspiel ist auch eine gute Ablenkung beim Wickeln oder auf Autofahrten.

Duft-Session

MATERIAL duftende Dinge wie Blumen, Obst, Creme, Shampoo
ALTER ab etwa 8 Wochen
ORT DES GESCHEHENS fast überall
(ELTERLICHER) INPUT gering bzw. mittel

Der Geruchssinn ist der Sinn, der heutzutage am wenigsten geschult wird. Dabei können schon Neugeborene ihre Mutter am Geruch erkennen (siehe S. 123)! Lassen Sie Ihr Baby im Alltag immer mal an Dingen riechen, die einen starken Duft verströmen – Rosen, Bananen, eine parfümierte Creme, eine Gewürznelke oder ein Lavendelsäckchen. Und wenn Ihnen mal wieder die Decke auf den Kopf fällt, machen Sie doch einen Ausflug in den botanischen Garten o. Ä. und schnuppern dort mit Ihrem Kind an exotischen Blumen.
FÜR ENGAGIERTE[2] Füllen Sie Düfte in Filmdosen und lassen Sie Ihr Kind immer wieder riechen. Das macht auch älteren Kindern Spaß – vor allem wenn Sie ein Duft-Ratespiel daraus machen!

Hör-Kino

MATERIAL alles, was Geräusche macht: Quietsche-Entchen, Knisterfolie, Babyrassel, Papier, Musikinstrument, Küchenwecker
ALTER ab etwa 8 Wochen
ORT DES GESCHEHENS fast überall
(ELTERLICHER) INPUT gering bzw. mittel

ACHTUNG
Die Geräusche dürfen nicht zu laut sein! Also nicht einmal volle Kanne in die Tuba blasen – und den Küchenwecker bitte nur ticken lassen, nicht schrill klingeln.

Geräusche interessieren Babys fast von Geburt an. Je älter sie werden, desto besser lernen sie auch hier zu differenzieren. Machen Sie mit Ihrem Kind doch einmal eine Hörstunde und tragen Sie ein paar Dinge zusammen, die Laut geben. Dann inszenieren Sie eine Geräuscheparade und knistern und quietschen und scheppern und rascheln. (Natürlich nicht zuviel auf einmal, sonst wird das Kind verrückt.) Bewegen Sie die Geräuschequellen von links nach rechts von weit nach nah – Ihr Baby wird fasziniert sein von der Dolby-Surround-Vorführung. Später darf es dann auch selbst mitmachen.

Abb. Unser Freund, das Ohr

Ein besonders schönes, weil unheimliches Geräusch erzeugt man, wenn man in einem kleinen Metallbehälter ein wenig Wasser kreisen lässt und dabei leicht mit einem Löffel an die Seite schlägt. Mit größeren Kindern kann man Geräusche-Raten spielen – schult enorm!

01 Spiele für die ersten Monate

FREMDE UND WIEDERGEFUNDENE WÖRTER

RITUALE
[ritua:lə]

Das vollständige Wort lautet: KinderbrauchenRituale. Steht in jedem Artikel, in jedem Buch, sagen alle anderen Eltern und auch alle, die man nicht gefragt hat. Ohne Rituale kann man gleich einpacken, also bitte: Singen beim Wickeln, Reimen beim Füttern, Nase-Bauch-Zeh-Zwicken beim Baden, Geschichtenerzählen zum Einschlafen. Das ist das Minimum. Zusatzprogramm (wünschenswert): zehnmal hüpfen und laut Hurra! schreien bei jeder vollen Windel, zwischen 15 und 16 Uhr alle Vokale durch »a« ersetzen, alle Spazierfahrten mit Lokomotivgeräuschen (Sch-Sch-Sch – Tut-Tuuut!) ankündigen.
Oder einfach entspannen. Rituale kommen und gehen. Und zwar meistens von selbst.

AMMENSPRACHE
[amənʃpra:xə]

Ein wunderschönes Wort für »Eiteitei, mein kleines süßes Häschen, ist das dein kleines Näschen?« – das Ganze zwei Oktaven höher als normalerweise. So redet man automatisch mit Kindern, auch wenn es niemand zugeben mag. Aber es ist gut! Denn tatsächlich helfen die Reduzierung und Wiederholung von Wörtern, der hohe Tonfall und die lang gezogenen Vokale den Kindern beim Spracherwerb – und vor allem: Ammensprache beruhigt!

ZEITFENSTER
[tsaitfɛnstɐ]

Klingt nach Raumschiff Enterprise und Wurmloch. Meint aber den optimalen Förderzeitpunkt für Sprachen, Musik oder logisches Denken. Tatsächlich gibt es diese Zeitfenster, aber entgegen anderslautender Meinungen von pädagogisch hoch motivierten Müttern werden sie nicht nach acht Monaten auf diesem Planeten in allen Disziplinen geschlossen. Ihr Kind muss also nicht vor dem Kindergartenalter Mandarin, Physik und Geige lernen.

PAMPERS-ACTION

Auch kleine Kinder lieben manchmal schnelle, laute, lustige Dinge: Rumhampeln, toben, ein kleines Abenteuer erleben – also so richtig Action eben. Da fühlen Sie sich wie ein Zirkusdirektor oder Club-Animateur? Hm, Sie sind es! Aber man gewöhnt sich dran …

Hach, sind meine Eltern lustig!!

MATERIAL vielerlei Dinge und Ihre Fantasie
ALTER ab etwa 4 Monaten bis zur Pubertät
ORT DES GESCHEHENS überall
(ELTERLICHER) INPUT gering

Kinder sind unglaublich albern, und sie lieben es, wenn ihre Eltern auch albern sind! Schon kleine Babys wissen es zu schätzen, wenn Sie einen bescheuerten Tanz aufs Parkett legen, wilde Grimassen schneiden und sinnlose Lieder singen. Oder Sie machen eine verrückte Modenschau im Wohnzimmer und ziehen alle möglichen irrsinnigen Dinge an. Ältere Kinder dürfen natürlich mitmachen – und werden sich garantiert schlapplachen und Sie für diese Albernheiten lieben. Mit Einsetzen der Pubertät sollten Sie allerdings von solchen Einlagen absehen, sonst ist die Reaktion leider: Hach, sind meine Eltern peinlich!

Höhlenmenschen

MATERIAL Tisch, Decke
ALTER ab etwa 8 Monaten
ORT DES GESCHEHENS zu Hause
(ELTERLICHER) INPUT gering

Alle Kinder lieben es, Höhlen zu bauen – und für die Kleineren ist es vor allem eine willkommene Variante des unglaublich geliebten Versteckspiels. Legen Sie eine große

TOP TIPP
Oft lässt sich eine Wickelkrise entschärfen, wenn Mama oder Papa sich einfach mal die Babyhose auf den Kopf setzt und damit Hase spielt. Und wenn es mit dem Breifüttern nicht so klappt, probieren Sie doch mal das Nudelsieb oder die Salatschüssel als Hut!

Decke über den Esstisch. Wahrscheinlich wird sich Ihr Baby zuerst nicht trauen, selbst in die Höhle zu kriechen. Also müssen Sie ran und vorankrabbeln. Es folgt das übliche Programm mit »Huhu, wo bin ich? Ich sag mal Piep! Guguck, da!!!!«. Das können Sie abwechselnd mit Ihrem Kind so etwa 175-mal spielen, je nachdem wie lange Sie Ihr Gehirn auf Warteschleife schalten können. Vielleicht hilft der Gedanke, dass Ihr Kind auf diese Weise das Phänomen der Objektpermanenz (siehe S. 125) erkennt – was es allerdings vermutlich auch schon bei einem der 7 000 vorangegangenen Versteckspiele hinreichend gecheckt hat. Aber sicher ist sicher.
Um mehr Schwung ins Spiel zu bringen, können Sie Dinge in die Höhle legen, die Geräusche machen. Einen tickenden Wecker zum Beispiel, eine Spieluhr oder ein kleines Radio. Wenn Sie diese Joker in der Höhle noch unter einem Tuch oder in einem Karton verstecken, könnte das für Ihr Kind ein Extrathrill sein – und für Sie eine kleine Verschnaufpause.

Deckenrutschen und -schaukeln

MATERIAL eine Decke
ALTER ab 3 Monaten
ORT DES GESCHEHENS ein glatter Fußboden bzw. Zeit zu dritt
(ELTERLICHER) INPUT gering

Legen Sie Ihr Baby auf eine weiche Decke und ziehen Sie es sachte über den Boden. Eine interessante neue Fortbewegungsart, an der das Kind noch sehr lange wachsenden Spaß haben wird! Ebenso wie bei der Variante für zwei Erwachsene: Das Baby wird auf die Decke gelegt, diese an zwei Seiten hochgehoben und sanft (bei größeren Kindern: wild) hin- und hergeschaukelt.

Seifenblasen

MATERIAL Seifenblasen
ALTER ab etwa 4 Monaten
ORT DES GESCHEHENS Kinderwagen oder Badewanne
(ELTERLICHER) INPUT gering

Seifenblasen sind ein Superknüller für genervte Babys im Kinderwagen oder später Buggy. Eine Dose Seifenblasen sollte daher zur Grundausstattung für alle Spazierfahrten gehören; die Kinder lieben es, den bunt schillernden Bällen hinterherzuschauen – und vergessen dabei oft ihr Geschrei.
FÜR ENGAGIERTE[2] Ein poetisches Seifenblasenerlebnis können Sie Ihrem Baby in der Wanne bereiten. Da die Gebilde auf nasser Haut nicht zerplatzen, können Sie Seifenblasen auf den Babybauch hauchen oder auf das Knie (natürlich nie in die Nähe des Gesichts). Das Kind darf sie dann zerplatzen – und wird begeistert sein.

Abb. Bubble-fun

Wenn Sie das Phänomen Seifenblase einmal öffentlich gemacht haben, wird Ihr Kind eine Seifenblasendose auf hundert Meter Entfernung identifizieren und so lange schreien, bis Sie das Spektakel beginnen. Verstecken Sie also Ihren Trumpf immer gut!

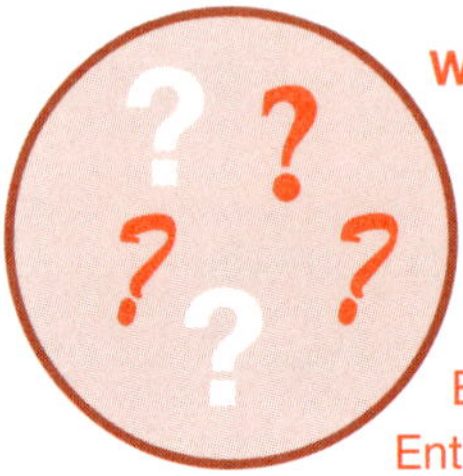

Was genau ist eigentlich PEKIP & CO.?

»Was, ihr seid nicht beim PEKiP?«, diese Frage schwirrt durch alle Elternkreise – oft begleitet von der Entgegnung: »PEKiP? Ist das nicht das, wo alle Kinder nackt sind und auf Matten pinkeln?« Das Prager Eltern-Kind-Programm wurde von einem Prager Psychologen entwickelt und ist ein Konzept zur Entwicklungsbegleitung im ersten Lebensjahr. Dazu treffen sich maximal acht Erwachsene mit einem Gruppenleiter in einem warmen Raum und spielen nach Anleitung mit ihren Babys, die tatsächlich nackt sind, weil sie sich so freier bewegen und mehr Hautkontakt mit den Eltern haben. PEKiP ist ein eingetragener Verein, und nur ausgebildete Gruppenleiter dürfen die Kurse durchführen.

Wer das Gruppenerlebnis mit nackten Babys scheut, kann einige Anregungen auch zu Hause nutzen. Das Schöne ist, dass die Spiele einfach und tatsächlich auf das jeweilige Entwicklungsstadium zugeschnitten sind.

Buchtipps und allgemeine Informationen finden Sie unter www.pekip.de

Es gibt noch diverse andere Kurse, deren Programm dem PEKiP ähnelt. DELFI zum Beispiel: D = Denken, E = Entwickeln, L = Lieben, F = Fühlen, I = Individuell. Das Konzept wurde von der evangelischen Familienbildungsstätte Celle entwickelt – auch hier sollen in kleinen Gruppen die Sinne der Babys (ab 6. Woche) angeregt werden.

Die Pikler-Kurse richten sich an ältere Babys (4.–5. Monat). Die ungarische Kinderärztin Emmi Pikler stellt die Persönlichkeit des Kindes in den Vordergrund. In den »Pikler-Spiel-Räumen« gibt es Krabbel- und Klettergeräte sowie einfache Materialien zum Greifen und Erkunden. Die Eltern sollen ihre Kinder »lassen« und ihre Entdeckungsversuche lediglich

beobachten. Dieses pädagogische Konzept verfolgen auch die FenKid-Gruppen (der Name ist abgeleitet von »Frühentwicklung des Kindes«) und die FABEL(= Familienzentrierte Baby-Eltern)-Kurse, wobei hier auch viel Wert auf Information zu Themen des ersten Babyjahres gelegt wird (schlafen, füttern, Entwicklung etc.).
Aber bitte vergessen Sie nicht: Auch ohne all diese Kurse wird Ihr Baby ganz wunderbar gedeihen!

ERSTES SPIELZEUG – HOMEMADE

Es gibt viele Möglichkeiten, Babyspielzeug selbst zu basteln, ganze Bücher beschäftigen sich mit dem Thema. Viele Eltern haben allerdings schon genug Stress ohne abendliche Spielzeugbastelstunden. Dann überlesen Sie diese Anleitungen getrost. Ihrem Kind dürfte es egal sein, ob das Mobile aus Ihrem Hobbykeller oder von IKEA stammt. Aber falls Sie sich doch mal ein bisschen langweilen in der Elternzeit, dann experimentieren Sie ruhig mit Papprollen, Knisterfolie & Co. Vielleicht macht's Spaß!

Einfaches Mobile

MATERIAL ein Kleiderbügel oder eine (Holz-)Stange von etwa 30 cm, Schnur, leichte Gegenstände (z. B. Babyspielzeug, bunte Löffel, zusammengeknüllte Alufolie, Tischtennisball)
ALTER ab 2 Monaten (frühestens)
ORT DES GESCHEHENS Bett oder Wickeltisch, geht aber auch im Freien unter einem Baum oder Sonnenschirm
(ELTERLICHER) INPUT mittel

Bevor Babys tatsächlich greifen können, schlagen sie nach den Dingen – mit etwa zwei Monaten beginnen derartige Versuche. Dann können Sie ein simples Mobile basteln,

TOP TIPP
Auch über dem Wickeltisch könnte so ein Mobile manche Schreierei im Keim ersticken. (Die Betonung liegt auf könnte, seien Sie nicht enttäuscht, wenn nicht!)

indem Sie einige interessante Gegenstände an einen Bügel oder eine Stange binden. Die Stange hängen Sie so auf, dass Ihr Kind die Gegenstände gerade so berühren, aber nicht herunterreißen kann – falls es doch schon mal zulangt. Für eine noch einfachere Variante binden Sie nur eine Rassel, einen Wasserball oder glitzernde Folie an eine Schnur und lassen den Gegenstand solo vor den Augen des Kindes baumeln.

Schlag-Zeug

MATERIAL verschiedene Dosen, Töpfe, Becher mit und ohne Deckel, Plastiktüte, dickes Papier, Klebeband, Kochlöffel
ALTER ab 5 Monaten
ORT DES GESCHEHENS besser zu Hause …
(ELTERLICHER) INPUT hoch

Kleiner Vorgeschmack auf die Teenagerzeit, wenn Ihr Sohn sich ein Schlagzeug wünscht und nur laute Musik hört … Wenn Sie die Mühe nicht scheuen, wird sich Ihr Kind garantiert auch schon mit fünf Monaten über ordentliche Percussion-Instrumente freuen – aus allen Töpfen, Dosen und Bechern, die die Küche hergibt. Deckellose Gefäße werden umgedreht oder – hier kommt der mühsame Teil – mit Folie (aus Tüten ausschneiden) oder festem Papier bespannt (mit Klebeband fixieren!). So hat man schließlich ein Schlagzeug, das wirklich unterschiedliche Töne erzeugt. Solange Ihr Kind noch nicht frei sitzen kann, nehmen Sie es für die Drum-Session auf den Schoß. Sie machen den Spaß einmal vor, und dann wird Ringo Starr jr. die Drumsticks bzw. Kochlöffel nie wieder aus der Hand geben.

ACHTUNG
Lassen Sie Ihr Kind mit selbst gebastelten Spielzeugen ohne TÜV-Plakette u. Ä. niemals unbeaufsichtigt!

HILFE, ICH FÜHLE MICH UNTERFORDERT ...

Sie geben sich alle Mühe, aber der Thrill beim Spielen stellt sich nicht ein? Sie fragen sich, warum selbst die Spiele, die Ihrem Baby gefallen, nach wenigen Minuten »ausgespielt« sind? Sie sehnen sich nach einem Spiel mit richtigen Regeln und Würfeln und einem Sinn???
Nun ja, bei der Beschäftigung von Babys und Kleinkindern geht es nicht darum, den Erwachsenen zu fordern, sondern darum, das Kind zu fördern. Die Herausforderung für Sie liegen eher in den Bereichen »Geduld« und »Fantasie« sowie in der Königsdisziplin »Mir-egal-wie-sehr-ich-mich-zum-Horst-mache« (siehe auch S. 54).

Die gute Nachricht

Sie müssen – wie gesagt – nicht jeden Tag diesen oder andere Spielpläne abarbeiten. Probieren Sie ein paar Sachen aus, vielleicht finden Sie wirklich etwas, das Ihnen und dem Kind Spaß macht. Oder Sie finden den Supertrumpf für stressige Momente, das allein ist ja schon ein Gewinn. Ansonsten achten Sie einfach darauf, die Sinne Ihres Kindes anzuregen – sprechen, krabbeln und tanzen wird es von ganz alleine lernen!

Die schlechte Nachricht

Irgendwann müssen Sie mitspielen. Und werden feststellen, dass das Thema Mit-Kindern-spielen extrem romantisiert wird. Zugucken ist süß, aber selbst stundenlang Plastikobst ein- und verkaufen kann für einen erwachsenden Menschen sehr schnell sehr langweilig werden. Mit etwa vier Jahren kann das Kind erste Würfelspiele bewältigen, aber die werden Sie ebenfalls unterfordern. Und Sie müssen außerdem entscheiden, ob Sie gewinnen (damit das Kind verlieren lernt) oder das Kind (damit Sie einen Wutanfall vermeiden).

Rasseln de Luxe

MATERIAL kleine Trinkflaschen plus deren Verschlüsse, interessante Füllgegenstände: Murmeln, Linsen, kleine Plastiktiere, rote Bohnen, bunte Nudeln, Klebeband
ALTER ab etwa 8 Monaten
ORT DES GESCHEHENS fast überall
(ELTERLICHER) INPUT mittel

Die beste unter den selbst gebastelten Rasseln, eigentlich ein Percussion-Instrument! Optisch ein echtes Highlight – und ganz ohne Schere und Nähabitur herzustellen! Sie füllen einfach die Trinkflaschen Ihres Kindes mit Bohnen, Nudeln, Murmeln, Plastiktieren oder leuchtenden Perlen, was auch immer. Deckel drauf und sicherheitshalber mit Klebeband fixieren. Unbedingt darauf achten, dass die Flaschen nicht zu schwer werden, sonst kann das Kind sie nicht halten!
FÜR ENGAGIERTE[2] Wenn das Baby vom bloßen Gucken und Rasseln genug hat, gibt eine Salsa-CD der Angelegenheit neue Impulse. Jetzt schnappen Sie sich auch eine der Macaras und geben Ihrem Kind einen ersten Kurs in Rhythmus und südländischem Feuer!

Murmelbahn

MATERIAL Papprolle (von Küchen-, Toiletten- oder Geschenkpapier), kleine Bälle oder extragroße Holzperlen, evtl. Klebeband
ALTER ab etwa 11 Monaten
ORT DES GESCHEHENS fast überall
(ELTERLICHER) INPUT mittel

Zunächst wird eine lange Papprolle längs halbiert und leicht schräg gehalten. Das Kind darf den Ball oben reinlegen und zuschauen, wie er runterrollt. Für größere Effekte können Sie mehrere Papprollenhälften aneinanderkleben (ambitionierte Hobbybastler kriegen so auch Kurven hin). Mit einigen Kissen als Unterbau kann das eine 1a-Murmelbahn werden; wahrscheinlich entwickeln Sie bald mehr Ehrgeiz als Ihr Kind, was das optimale Rollen der Bälle angeht …

Abb. Murmelbahn homemade
01a Papierrolle halbieren
01b Laufbahn zusammenkleben
01c Laufbahn unterbauen
02a Losmurmeln
02b Staunen

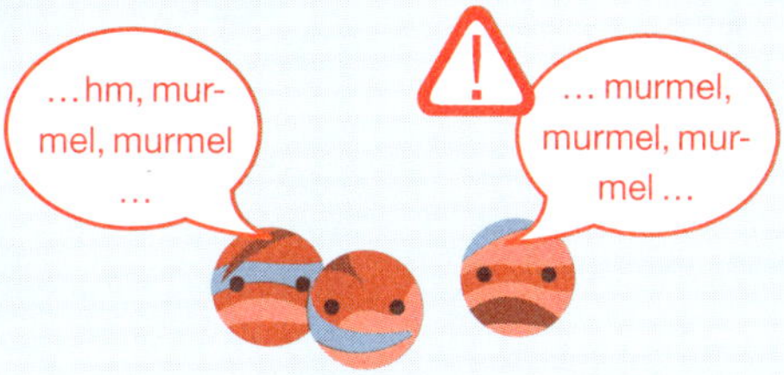

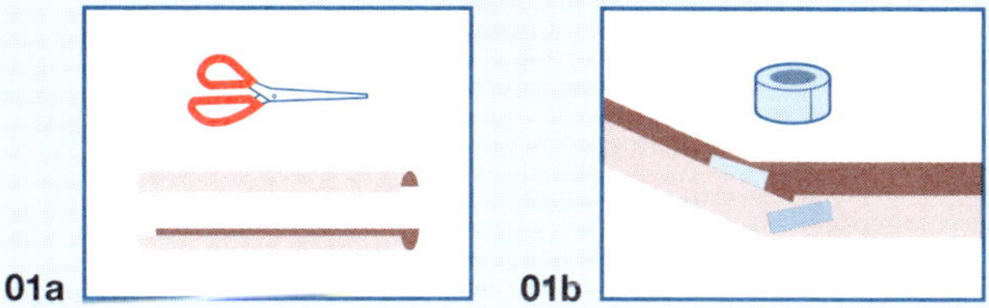

Verschluckbare Einzelteile, Sie wissen schon. Richtige Murmeln rollen zwar super, aber auch gern mal unters Bett, wo sie das Kind in einem unbeaufsichtigten Moment findet. Besser kleine Bälle verwenden, die garantiert nicht in Kindermünder passen!

TOP TIPP

Wer die absolut kindgerechte Lösung sucht: Es gibt auch Stoffbücher mit Fototaschen zu kaufen. Das können die Kleinen dann völlig gefahrlos ansabbern (z. B. »Meine Lieblingsbilder« bei JAKO-O, etwa 13 €).

Fotoalbum

MATERIAL supersimples Einsteck-Fotoalbum, Fotos von Menschen und Dingen, die Ihr Kind kennt (keine Unikate! Lassen Sie Extraabzüge machen)
ALTER ab etwa 5 Monaten
ORT DES GESCHEHENS fast überall
(ELTERLICHER) INPUT hoch

Bestimmt wird sich Ihr Kind über ein selbst gebasteltes Buch freuen, wenn es darin lauter Dinge und Personen entdecken kann, die es wirklich kennt: Mama, Papa, Oma, Opa. Aber auch die kleine Puppe und die Lieblingsrassel, den Stoffhasen und den Kinderwagen. Fotografieren Sie mal ausgiebig die Welt Ihres Babys und achten Sie darauf, dass das Wesentliche groß im Bild und gut zu erkennen ist. Dann stecken Sie die Fotos in die Plastikhüllen eines kleinen Albums – so kann Ihr Kind wieder und wieder darin blättern. Natürlich können die Bilder immer mal ausgetauscht werden, so wird dieses Buch ganz lange ein besonderer Schatz bleiben!

Hippie-Schneebesen

MATERIAL Schneebesen, bunte Bänder (speichelbeständig!)
ALTER ab 6 Monate
ORT DES GESCHEHENS überall
(ELTERLICHER) INPUT gering

Ein Schneebesen an sich ist schon ein sehr beliebtes Spielzeug bei Babys: macht tolle Geräusche beim Auf-den-Boden-Schlagen und fühlt sich sehr interessant an beim Ansabbern. Wenn Sie nun einfach viele bunte Bänder an den Schneebesen binden, wird Ihr Kind gleich doppelt fasziniert sein – und Ihnen so vielleicht die Chance geben, das Abendessen zu kochen (oder immerhin einen Teil der Zeitung zu lesen …).

TIME-OUT

Einsatz für die Überraschungsdose

Wenn es erst mal gelernt hat zu greifen, wird »Sachen ausräumen« zu den Lieblingsbeschäftigungen Ihres Kindes gehören. Sammeln Sie daher einige interessante Gegenstände in einer Überraschungsdose. Die Dinge müssen natürlich ungefährlich sein, etwa ein kleiner Ball, ein Textmarker (bis Ihr Kind den aufkriegt, dauert es ein paar Monate), eine ausrangierte CD, ein kleines (Pixi-)Buch oder eine Broschüre (das/die ruhig zerfetzt werden kann), eine Duplomännchen, eine Filmdose mit Reis (gut verschließen!), Plastik- oder Holzobst für den Kaufmannsladen etc.

Wenn Sie dann mal in Ruhe einen Kaffee trinken oder telefonieren wollen, kommt die Überraschungsdose zum Einsatz. Ihr Kind darf ausräumen und einräumen, anbeißen und angucken. Das funktioniert natürlich nicht immer, aber wenn Sie die Dose wirklich nur zu besonderen Anlässen rausrücken, könnte das Ihr Time-out sein!

Achtung: Das Kind muss dabei trotzdem unter Aufsicht sein!

Einschlafrituale

Gute Nacht! – Einschlafrituale

Rituale – ein Zauberwort der Kindererziehung (siehe S. 20). »Habt ihr schon ein Abendritual gefunden?«, so die lauernde, bohrende Frage – als ob es sich mindestens um den HEILIGEN GRAL handelte. Denn mit einem Abendritual gehen Kinder angeblich ferngesteuert, ja sogar gerne (!) ins Bett. Aber auch DAS ABENDRITUAL hat niemand je gefunden, es sind immer nur Annäherungen an einen guten Abschluss des Tages, der in der Tat zu einem entspannteren Ins-Bett-gehen führt. Hier ein Beispiel:

Noch 90 Minuten bis Buffalo: Etwa eineinhalb Stunden vor dem angestrebten Einschlafzeitpunkt sollte man sich in den eigenen vier Wänden befinden. Nur dann hat man genug Zeit, den Tag ohne Gehetze ausklingen zu lassen.

Noch 60 Minuten bis Buffalo: In der letzten Stunde vor dem Schlafen sollte man auf wilde Spiele, Durch-die-Wohnung-Toben und gegenseitiges Durchkitzeln verzichten, sonst wird das Kind noch mal richtig aufgeputscht und ist dann nur sehr schwer in den Ruhemodus zu bringen.

Noch 45 Minuten bis Buffalo: Mögliche Rituale vor dem Abendessen: Etwas Ruhiges spielen (ein Puzzle machen, die Puppen ins Bett bringen, einen letzten Legoturm bauen), ein Buch angucken, zusammen das Abendessen herrichten oder auch ein Bad nehmen. Manche Kinder sind nach dem Essen schon viel zu müde zum Baden und beschweren sich dann nur. Eine halbe Stunde eher hingegen genießen sie ein Bad mit Enten und Booten – und lassen sich dann auch viel bereitwilliger in den Schlafanzug stecken.

Noch 30 Minuten bis Buffalo: Spätestens eine halbe Stunde vor der Wunscheinschlafzeit sollte man (möglichst gemeinsam) zu Abend essen. Auch hier mögen Kinder Regelmäßigkeiten: Immer Gurke zum Brot, die Lieblingstasse mit warmem Kakao und/oder einen Joghurt zum Nachtisch.

Noch 15 Minuten bis Buffalo: Waschen und Zähneputzen. Oft eine familiäre Stresssituation. Die meisten Kinder hassen entweder ausziehen oder Zähne putzen oder waschen oder alle drei Dinge. Wenn Sie schauspielerisches Talent und noch ausreichend Nerven haben, können Sie eine Handpuppe einführen – zum Beispiel einen Hasen, der dann die Regie im Bad übernimmt und überprüft, ob alle Zähne sauber sind, die Sachen auf dem Hocker liegen etc.

Noch 5 Minuten bis Buffalo: In einen Sessel oder ins Bett kuscheln. Ein Lied singen oder noch ein kleines Buch vorlesen. Diesen letzten Teil vor dem Schlafengehen sollte man mit kleinen Kindern nicht zu sehr ausdehnen, sonst finden sie gar kein Ende. Allmählich (wenn es mit dem Einschlafen gut klappt) kann man dann auch länger vorlesen.

Buffalo! Wenn es sehr gut läuft, sagen Sie Gute Nacht, machen das Licht aus, verlassen das Zimmer – und das Kind schläft ein. So der Plan in allen Ratgebern. Klappt aber nicht immer. Vielleicht müssen Sie jetzt noch 35 Lieder singen, vielleicht müssen Sie noch zehnmal aus der Küche zurückkommen (Durst, zu dunkel, zu hell, zu warm, zu kalt, Decke verkrumpelt, Decke weg ...), das Baby 17-mal durchs Zimmer tragen – machen Sie sich nichts draus. Irgendwann (spätestens zur Einschulung) wird es auch bei Ihnen nach Plan laufen: Gute Nacht, Licht aus, schlafen.

02 FINGERSPIELE UND BEWEGUNGSLIEDER

Fingerspiele und Bewegungslieder

Das ist der Daumen, der schüttelt – äh, was noch mal?

Ganz klar: Lieder gehören zur Kindheit unbedingt dazu. Alle werdenden Eltern sehen sich in Gedanken dann und wann im Schaukelstuhl sitzen und ein Schlaflied singen. Aber wenn man dann irgendwann tatsächlich das schreiende Baby auf dem Arm hat, muss man feststellen, dass man sich an die meisten Kinderlieder nur noch fragmentarisch erinnert. Genauso ist es mit den alten Reimen: Wie war das nochmal mit dem Daumen und dem Nasemann? Ein paar dieser Gedichte und Lieder sollten Sie sich unbedingt wieder aneignen. Abgesehen vom hohen Entertainmentfaktor tun Sie damit nämlich Exzellentes für die Entwicklung Ihres Kindes. Die ständigen Wiederholungen, die intensive Gestik und Mimik – all das hilft beim Spracherwerb. Außerdem macht es den meisten Eltern wirklich Spaß.

FINGERSPIELE & CO.

Die meisten dieser kleinen Reime sind uralt und werden seit Generationen von Eltern aufgesagt, um Kinder zum Lachen zu bringen. Das Tolle ist: Es klappt. Viele der Fingerspiele, Kniereiter und »Kribbel-krabbel«-Gedichte erscheinen auf den ersten Blick wahnsinnig simpel. Damit kann man doch kein Kind mehr hinterm Ofen vorlocken, denkt man. Kann man doch. Und zwar heftig kichernd.

Die Mäusefamilie

Das ist Papamaus,
sieht wie alle Mäuse aus:
Hat zwei Ohren soooo groß,
ein Näschen soooo spitz,
ein Fellchen soooo weich
und ein Schwänzchen soooo lang.

Das ist Mamamaus,
sieht wie alle Mäuse aus:
Hat zwei Ohren sooo groß,
ein Näschen soooo spitz,
ein Fellchen soooo weich
und ein Schwänzchen soooo lang.

Das ist Brudermaus,
sieht wie alle Mäuse aus:
Hat zwei Ohren soooo groß,
ein Näschen soooo spitz,
ein Fellchen soooo weich
und ein Schwänzchen soooo lang.

Das ist Schwestermaus,
sieht wie alle Mäuse aus:
Hat zwei Ohren soooo groß,
ein Näschen soooo spitz,
ein Fellchen soooo weich
und Schwänzchen soooo lang.

Das ist Babymaus,
sieht nicht wie alle Mäuse aus:
Hat zwei Ohren soooo klein,
ein Näschen soooo platt,
ein Fellchen soooo rau
und ein Schwänzchen soooo klein.

Bewegung: Daumen hoch für Papamaus, mit den Händen große Ohren zeigen und die eigene Nase »verlängern«. Fell: über den Arm streicheln. Schwänzchen: Arme weit auseinanderhalten. Das Gleiche für Mama (Zeigefinger), Bruder (Mittelfinger) und Schwester (Ringfinger). Für Babymaus den kleinen Finger hochhalten, kleine Ohren zeigen, Nase platt drücken, über den Arm strubbeln und mit Daumen und Zeigefinger das Schwänzchen andeuten.

02 Fingerspiele und Bewegungslieder

Das Gewitter

Es tröpfelt – es regnet
es gießt – es hagelt
es donnert – es blitzt
– und die Sonne geht auf!!

Bewegung: Die Hände machen auf Tisch oder Fußboden die Geräusche: Fingerspitzen klopfen leise (tröpfelt), Handflächen patschen (regnet), patschen schneller und lauter (gießt), Knöchel klopfen (hagelt), Fäuste hauen (hagelt), Hände klatschen (blitzt) – und zum Schluss bilden alle mit den Armen eine Sonne.

Das ist der Daumen

Das ist der Daumen,
der schüttelt die Pflaumen,
der hebt sie auf,
der bringt sie nach Haus
und der kleine Schelm, der isst sie alle alle auf.

Bewegung: An jedem Finger einmal zupfen, mit dem kleinsten extra wackeln.

Hallo, ihr Füße

Hallo, ihr Füße, wie heißt ihr denn?
Ich heiße »Hampel«, und ich heiße »Strampel«.
Ich bin das Füßchen Übermut …
… und ich das Füßchen Tunichtgut.
Übermut und Tunichtgut gingen auf die Reise:
Patsch durch alle Sümpfe, nass sind Schuh' und Strümpfe!
Schaut die Mutter um die Eck – laufen beide ganz schnell weg!

Bewegung: Abwechselnd die Füße hochheben, am Ende »streng« um die Ecke gucken und dann die Beine ganz schnell strampeln lassen.

Kniereiter: So reiten die Damen

So reiten die Damen, so reiten die Damen.
So reiten die Herren, so reiten die Herren.
So hoppelt der Bauer, so hoppelt der Bauer
zum Tor hinaus.

Bewegung: Kind im »Damensitz« hin und her schaukeln; die »Herren« reiten auf den Knien der Eltern wie auf einem Sattel auf und ab; beim »Bauer« die Knie abwechselnd heftig auf und ab bewegen, »zum Tor hinaus«: durch die Knie rutschen lassen.

Fünf Gespenster

Fünf Gespenster hocken vor dem Fenster.
Das erste schreit: »Haaaa!«
Das zweite heult: »Hoooo!«
Das dritte brummt: »Huuuu!«
Das vierte lacht: »Hiiiiiii!«
Das fünfte schwebt zu dir hinein
Und flüstert: »Woll'n wir Freunde sein?«

Bewegung: Daumen zeigen und »Ha« rufen, entsprechend nacheinander die anderen Finger. Beim fünften ein Gespenst aus der Hand bilden, schweben und zum Schluss dem Kind ins Ohr flüstern.

Erst kommt die Schnecke

Erst kommt die Schnecke und krabbelt um die Ecke.
Dann kommt der Hase und zwickt dich in die Nase.
Jetzt kommt der Zwerg, der klettert über'n Berg.
Nun kommt der Floh, und der macht so!

Bewegung: Mit den Fingern über Arm und Gesicht krabbeln. Hase: in die Nase zwicken. Zwerg: über den Kopf krabbeln. Floh: in den Bauch piksen.

Abb. Alle meine Fingerlein

Alle meine Fingerlein wollen einmal Tiere sein …

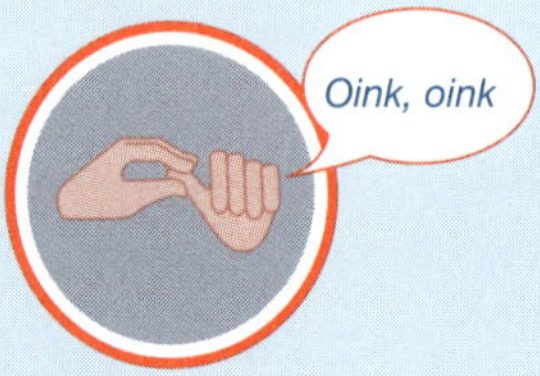

Daumen ist das dicke Schwein, dick und rund ist es allein.

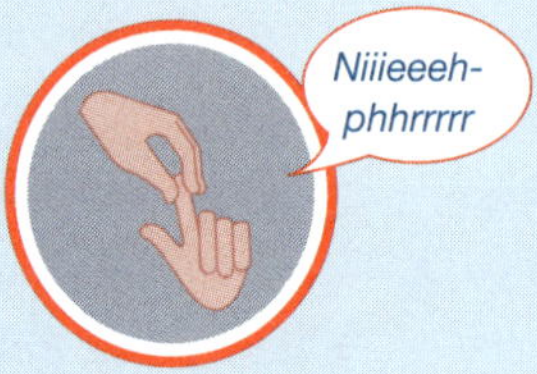

Zeigefinger ist das stolze Pferd, wird vom Reiter sehr verehrt.

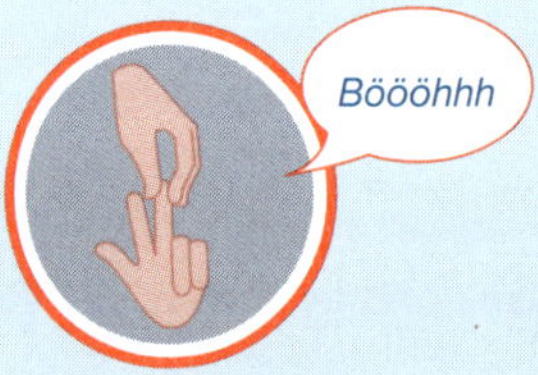

Mittelfinger ist der Ziegenbock mit dem langen Zottelrock.

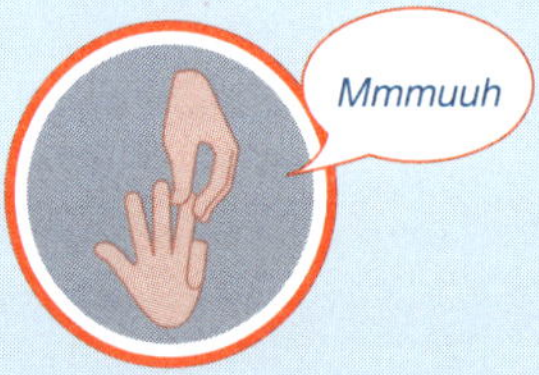

Ringfinger ist die braune Kuh, die macht immer muh muh muh –

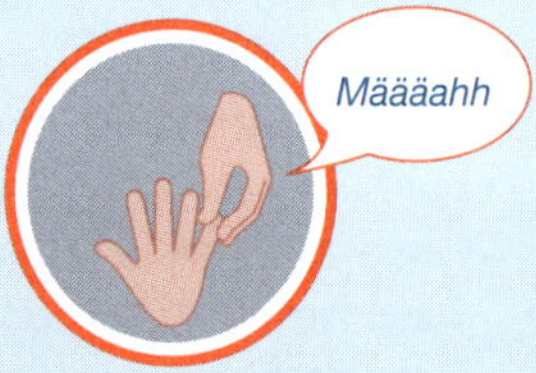

und mein kleines Fingerlein, soll mein liebes Lämmlein sein!

Tiere laufen hopp, hopp, hopp, laufen alle im Galopp,

laufen in den Stall hinein,

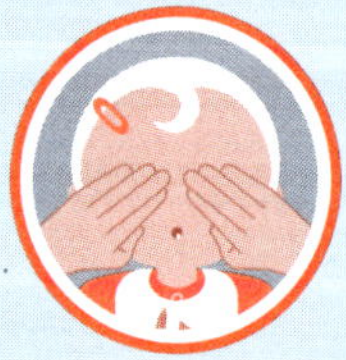

denn es wird bald finster sein.

Abb. Kommt ein Mann die Treppe rauf

Kommt ein Mann die Treppe rauf;

klingelt an;

Abb. Himpelchen und Pimpelchen

Himpelchen und Pimpelchen …

… stiegen auf einem grooooßen Berg,

Himpelchen war ein Heinzelmann …

… und Pimpelchen ein Zwerg.

Sie blieben laaaaange da oben sitzen

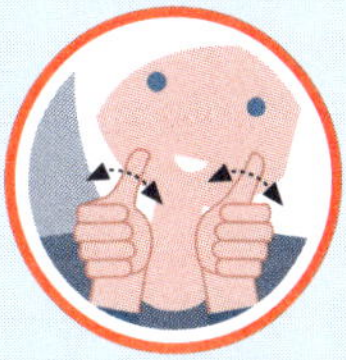

und wackelten mit ihren Zipfelmützen.

Nach vielen, vielen Wochen sind sie in den Berg gekrochen; dort schlafen sie …

in süßer Ruh.
Seid hübsch still, und hört gut zu!

Heißa, Heißa, hoppsassa, Himpelchen und Pimpelchen sind wieder daaaa!

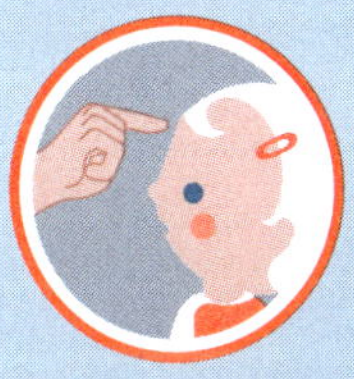

klopfet an:

Guten Tag, Herr Nasemann!

02 Fingerspiele und Bewegungslieder

FREMDE UND WIEDERGEFUNDENE WÖRTER

FINGERSPIELE
[fɪŋɐʃpiːlə]

Uups. Wenn man dieses Wort googelt, erhält man zum Teil äußerst befremdliche Ergebnisse. Mal wieder eine Vokabel, die für Eltern und Kleinkindpädagogen eine andere Bedeutung hat als für den Rest der Welt.

KNIEREITER
[kniːraitɐ]

Erstens siehe oben. Zweitens: eine Vokabel, die Sie nicht in Ihren aktiven Wortschatz übernehmen müssen (sollten). Aber zur Vervollständigung Ihres passiven Elternwortschatzes: Kniereiter nennt man alle lustigen Singreime, die man mit dem Kind auf dem Schoß absolviert. »Hoppe, hoppe Reiter« zum Beispiel.

TAMBURIN
[tambʊriːn]

Das ist das Ding, das die Turnlehrerin immer rausgeholt hat, um die Klasse auf Trab zu bringen. Eine Schellentrommel, so der korrekte deutsche Ausdruck, sollte in keinem Kinderhaushalt fehlen. Maximal nervig für die Eltern, selig machend für die Kinder.

MELODIKA
[mɛlodɪka]

Noch ein Flashback in die eigene Kindheit. Da hatte man gern Melodikas, schön bunt und aus Plastik. Wenn Sie zu unmusikalisch für Blockflöte sind, kaufen Sie sich eine billige Melodica, um die Lieder vorzuspielen. Achtung: In Kinderhände gelangt, eignet sich auch dieses Instrument perfekt zur elterlichen Nervenzerrüttung.

KINDERSONGS
[kɪndɐsɔŋz]

Auch »Hits für Kids« genannt. Neumodische Kinderlieder, die sich gegen den Willen der Erziehungsberechtigten direkt in den Gehörgang schrauben und dort lange, lange bleiben. »Der Gorilla mit der Sonnenbrille« sitzt da zum Beispiel, zusammen mit dem »singenden, springenden Känguruh«, dem »Kille-kitzel-Monster« und der »Weihnachtsgans Elfriede«.

BEWEGUNGSLIEDER

Auch Menschen, die normalerweise nicht unter der Dusche singen und sich jedem Karaoke-Contest verweigern, müssen Lieder für ihre Kinder singen. Wichtig für Entwicklung und Frohsinn – egal wie falsch Sie singen. Königsdisziplin der Kinderbeschäftigung sind Bewegungslieder, denn dazu kann man tanzen und/oder pantomimisch aktiv werden. (Wenn Sie zur o.g. Gruppe zählen, dürfen Sie folgende Aktivitäten auf die eigenen vier Wände beschränken.)

Zehn kleine Zappelmänner

2. Zehn kleine Zappelmänner zappeln auf und nieder,
   zehn kleine Zappelmänner tun das immer wieder.

3. Zehn kleine Zappelmänner zappeln rundherum,
   zehn kleine Zappelmänner finden das nicht dumm.

4. Zehn kleine Zappelmänner spielen gern Versteck,
   zehn kleine Zappelmänner sind auf einmal weg.

5. Zehn kleine Zappelmänner rufen laut Hurraaa!
   Zehn kleine Zappelmänner sind dann wieder da.

BEWEGUNG
Die Hände nach links und rechts zappeln lassen, nach oben und unten, im Kreis. »Weg«: Hände auf dem Rücken verstecken, »Hurra«: Hände wieder hervorholen. Ein echter Garant für »Noch mal«-Endlosschleifen.

02 Fingerspiele und Bewegungslieder

BEWEGUNG
Alle Kinder halten sich im Kreis an den Händen und schwingen hin und her, bei »husch« hocken sich alle hin; bei »setzen sich« setzen sich alle endgültig.

Ringel, Ringel, Reihe

1. Rin-gel, Rin-gel, Rei - he, sind der Kin-der drei - e,

sit-zen hin-term Hol-ler-busch, ma-chen al-le: Husch, husch, husch!

2. Ringel, Rangel, Rosen, schöne Aprikosen,
Veilchen und Vergissmeinnicht,
alle Kinder setzen sich.

BEWEGUNG
Kind an den Händen fassen und von einem Bein auf das andere und im Kreis tanzen, bei »tapp« wird mit den Füßen gestampft, bei »klapp« mit den Händen geklatscht, bei »nick« mit dem Kopf genickt, bei »tick« die Zeigefinger aneinandergestupst – und dann da capo ad ultimo …

Brüderchen, komm, tanz mit mir

1. Brü-der-chen, komm, tanz mit mir, bei - de Hän-de reich ich dir.

Ref: Ein-mal hin, ein-mal her, rund-he-rum, das ist nicht schwer.

2. Mit den Füßen tapp, tapp, tapp.
Mit den Händen klapp, klapp, klapp. (*Refrain*)

3. Mit dem Köpfchen nick, nick, nick.
Mit den Fingerchen tick, tick, tick. (*Refrain*)

4. Noch einmal das schöne Spiel,
weil es mir so gut gefiel. (*Refrain*)

Wer will fleißige Handwerker sehen

1. Wer will flei-ßi-ge Hand-wer-ker sehn, der muss zu uns Kin-dern gehen.

Stein auf Stein, Stein auf Stein, das Häus-chen wird bald fer-tig sein.

2. Wer will fleißige Handwerker sehn,
der muss zu uns Kindern gehen.
O wie fein, o wie fein,
der Glaser setzt die Scheiben ein.

3. Wer will fleißige Handwerker sehn,
der muss zu uns Kindern gehen.
Tauche ein, tauche ein,
der Maler streicht die Wände fein.

4. Wer will fleißige Handwerker sehn,
der muss zu uns Kindern gehen.
Zisch, zisch, zisch, zisch, zisch, zisch,
der Tischler hobelt glatt den Tisch.

5. Wer will fleißige Handwerker sehn,
der muss zu uns Kindern gehen.
Poch, poch, poch, poch, poch, poch,
der Schuster schustert zu das Loch.

6. Wer will fleißige Handwerker sehn,
der muss zu uns Kindern gehen.
Tripp, tripp, drein, tripp, tripp, drein,
jetzt gehen die fleißigen Handwerker heim.

BEWEGUNG

Für jede Tätigkeit setzen Sie eine einfache Handbewegung ein (mauern: Handflächen übereinander stapeln, malern: auf und ab pinseln, schustern: Fäuste aufeinander klopfen), bis zuletzt die Füßchen nachhause gehen.

BEWEGUNG
Das Lied kann man beim Anziehen singen und damit eventuell eine »Nein!!! Keine Hose!«-Stresssituation entspannen. Ansonsten die Bewegungen pantomimisch nachspielen und bei der letzten Strophe mit dem Kind tanzen. Herrlich!

Hampelmann

2. Jetzt zieht Hampelmann, jetzt zieht Hampelmann seine Jacke an. (*Refrain*)

3. Jetzt setzt Hampelmann, jetzt setzt Hampelmann seine Mütze auf. (*Refrain*)

4. Jetzt trinkt Hampelmann, jetzt trinkt Hampelmann seinen Kaffee aus. (*Refrain*)

5. Jetzt isst Hampelmann, jetzt isst Hampelmann seinen Kuchen auf. (*Refrain*)

6. Jetzt tanzt Hampelmann, jetzt tanzt Hampelmann mit seiner lieben Frau. (*Refrain*)

Aramsamsam

Atte katte nuwa

BEWEGUNG

Klingt türkisch, ist aber Fantasie. Bei »aramsamsam« erst auf die Knie, dann in die Hände klatschen, bei »gulligulli« werden die Unterarme umeinandergerollt; bei »ramsamsam« wieder in die Hände klatschen. »Arabi«: pseudo-orientalisch verbeugen.

Genauso sinnentleert, genauso geliebt: Atte katte nuwa, angeblich ein Lied der Inuit. Auch wenn das zweifelhaft ist, spielen Sie dazu ruhig Fischfang: Ruderbewegungen machen (atte katte); Ausschau halten (emi sademi), Netz einholen (hexa kola) – und S. 54 lesen …

Uhrenlied

FÜR ENGAGIERTE[2] Die Kuckucksuhr macht: kuckuck, kuckuck. Und die Sanduhr macht: schschschsch.

BEWEGUNG

Das Kind am Rumpf festhalten und langsam, dann schneller und immer schneller hin- und herschwenken.

Kuckucksuhr: Das Kind vor und zurück schaukeln, für die Sanduhr einmal auf den Kopf drehen.

Taler, Taler, du musst wandern

Variante:
Ringlein, Ringlein, du musst wandern,
Von der einen Hand zur andern.
Ei wie schön, ei wie schön, ist das Ringlein anzusehn.

BEWEGUNG

Mehrere Kinder stehen oder sitzen eng im Kreis und reichen mit den Händen auf dem Rücken heimlich etwas herum. Ein Kind in der Mitte muss herausfinden, wo sich das Etwas befindet. Hat es richtig geraten, muss der »Halter« in den Kreis.

Alle Leut

BEWEGUNG

Alle klatschen, dann werden mit Körper und Händen große (strecken), kleine (ducken), dicke (Bauch darstellen), dünne (Hände ganz eng zusammen) Leute dargestellt. Dann weiterklatschen bis zum Ausruhen: Das wird mit beiden Händen an der Wange angedeutet.

FÜR ENGAGIERTE[2] gibt es noch folgenden Reim, der nur gesprochen wird:
Erst die rechte, dann die linke,
machen beide winke-winke!
Und zum Schluss:
Einen Kuss!

Mit der rechten, dann mit der linken Hand winken, mit einer der beiden einen Luftkuss geben.

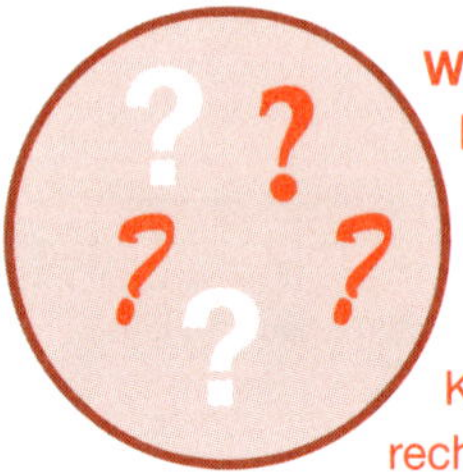

Was genau ist eigentlich FRÜHFÖRDERUNG?

Helen-Doron-Sprachschulen bieten Englischkurse für Babys an, in Kumon-Schulen lernen Kleinkinder rechnen. FasTracsKids – eine Art Vorschule – verspricht Erlebnislernen schon für Zweijährige, mit Fächern wie Astronomie, Literatur und Ökonomie. Die Eltern werden per Video und Informationsbrief über die Unterrichtseinheiten auf dem Laufenden gehalten, Hausaufgaben gibt es auch.

Nur drei von vielen Beispielen für »Frühförderung«. Das Wort klingt vielversprechend, und immer mehr Eltern geraten unter Druck, weil sie befürchten, ihr Kind könnte den Anschluss verlieren, wenn es nicht wenigstens zum Früh-Englisch und in die Baby-Musikgruppe geht. Die professionellen Anbieter jonglieren mit Begriffen wie Synapsenbildung und Zeitfenster – und nur zu oft sind Eltern dann bereit, hohe Kursgebühren zu zahlen und ihr Kind quer durch die Stadt zum Vokabeltraining zu kutschieren. Doch Psychologen warnen vor dieser Art von Babytraining. Der Erfolg der einzelnen Methoden ist umstritten. Eine fremde Sprache beispielsweise lernen Kinder, wenn sie zweisprachig aufwachsen, aber nicht durch eine Stunde »Unterricht« in der Woche. Im besten Fall sind die Frühförderkurse Geld- und Zeitverschwendung, im schlechtesten Fall werden schon Kleinkinder unter Leistungsdruck gesetzt. Kinder sollen spielen, und dabei lernen sie im Übrigen am allermeisten.

ENGLISCH-DEUTSCHE LIEDER

Im Gegensatz zu Englischkursen für Zweijährige, ist es durchaus sinnvoll, mal ein englisches Lied zu singen. Für Kinder ein weiteres Sprachexperiment – und sie gewöhnen sich schon an die ungewohnte Aussprache. Aber auch hier gilt: Kein Muss! Auch ohne Brother John und Incy, wincy Spider wird Ihr Kind in der Schule Englisch lernen, garantiert.

Head and shoulders // Kopf und Schultern

BEWEGUNG

Alles, was im Lied genannt wird, beim Singen schnell berühren. Je schneller man singt, desto höher die Verknotungs-Quote …

BEWEGUNG

Mit beiden Zeigefingern und Daumen eine Krabbelbewegung nach oben machen. Regen: Mit den Fingern fallende Tropfen zeigen, mit einer Hand die Spinne fallen lassen, für die Sonne mit den Händen einen Kreis formen, die Handinnenflächen (angedeutet) ablecken und schließlich wieder die Kletterbewegung vom Anfang wiederholen.

Incy wincy spider // Ilse Bilse Spinne

In - cy Win- cy Spi - der went up the wa - ter spout.
Il - se Bil - se Spin - ne___ krab-belt froh und mun-ter.

Down___ came the rain and washed poor In-cy out.
Kommt der gro- ße Re - gen, fällt die Il - se run-ter.

Out___ came the sun-shine and dried up all the rain:
Kommt die lie - be Son - ne und leckt den Re-gen auf:

In - cy Win-cy Spi - der went up the spout a - gain.
Il - se Bil - se Spin- ne___ krab-belt wie-der rauf.

If you're happy // Bist du glücklich

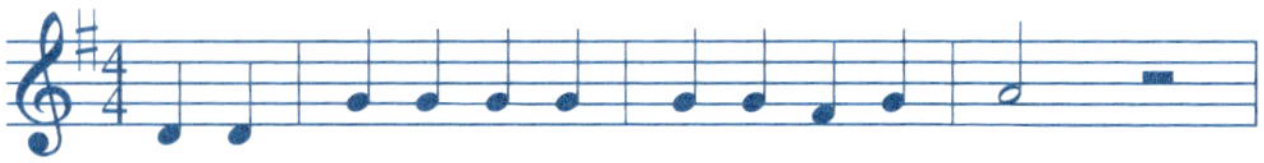

1. If you're hap-py and you know it, clap your hands.
Bist du glück-lich, dann mach mit und klat-sche laut.

If you're hap-py and you know it, clap your hands.
Bist du glück-lich, dann mach mit und klat-sche laut.

Weitere Strophen:
… stomp your feet/… dann mach mit und stampf fest auf.
… turn around/… dann mach mit und dreh dich schnell.
… shout hooray/… dann mach mit und ruf Hurra!
… do all four/… dann mach alles jetzt zusammen.

BEWEGUNG
1. klatschen, 2. mit den Füßen trampeln, 3. mit dem Kopf nicken, 4. »hooray« rufen, 5. alles gleichzeitig machen

Are you sleeping // Bruder Jakob

TOP TIPP
Eine besondere Freude machen Sie den Kindern mit folgender Version: Frère Jacques, halt' die Klappe, dormez-vous? Blöde Kuh! Sonnez les matines, alte Waschmaschine … Ding, dang, dong, Malzbonbon!

02

Fingerspiele und Bewegungslieder

HILFE, ICH MACHE MICH ZUM HORST!

Im Büro kann man mit großen Summen kalkulieren oder schlaue Memos verfassen – nun sitzt man vor dem Kind und versucht, es mit Hilfe von wackelnden Daumen namens Himpelchen und Pimpelchen von einem Schreianfall abzulenken. Je geringer die Wirkung, desto höher der Horstfaktor. Auch beim Singen von sinnfreien Zeilen wie »gulli gulli ramsamsam« kommt man sich reichlich blöd vor – vor allem, wenn das Ganze mit wildem Gefuchtel verbunden ist (Bewegungslied!), und schon sowieso, wenn das Kind zu klein ist, um mitzusingen oder gar mit zu gestikulieren. Und dann diese gute Laune, die man dabei verstrahlen muss! Ohne ein Höchstmaß an elterlicher Begeisterung lässt sich das Kind nämlich nicht von den Zappelmännern beeindrucken. Das heißt, Sie müssen nicht nur singen und fuchteln und deutlich betonen, sondern dabei auch noch jauchzen und Freudenschreie ausstoßen. Hahaha.

Die guten Nachrichten

Erstens: Ihr Kind liebt Sie dafür. Wirklich. Kinder finden nichts schöner als Eltern, die sich zum Affen machen. Schon ganz kleine Kinder strahlen dann, und größere fordern mit dem typischen Kurzbefehl »Noch mal!« eine Endlosschleife von »Himpelchen & Pimpelchen«. Zweitens: Es sind keineswegs sinnlose Albernheiten, sondern man fördert damit wirklich alles Mögliche: Sprache, Konzentration, Spaß. Drittens: Man muss das nicht den ganzen Tag machen – und auch nicht notwendigerweise in der Öffentlichkeit. Und man darf Verse, die man ganz doof findet, einfach weglassen.

Die schlechte Nachricht

Es hilft nicht immer gegen Wut, Schmerz oder Langeweile. Manchmal kann man sich einen Wolf singen, reimen und hüpfen – das Kind schreit trotzdem.

TIME-OUT

Unser Freund, der Kassettenrekorder

Nein, Kinderlieder vom Band ersetzen nicht das Singen mit dem Kind. Und ja, vorlesen ist tausendmal wichtiger und besser als eine Hörspielkassette. Aber man darf das eine tun, wenn man das andere deshalb nicht lässt. Sprich: Der Einsatz von Kassetten und CDs sollte von den Eltern kontrolliert und beschränkt werden – auf Autofahrten, Krankheiten (von Eltern oder Kind!), lange Regentage. Bei älteren Kindern, die keinen Mittagsschlaf mehr machen, kann eine halbe Stunde Kassettehören auch eine gute Lösung für eine kleine Auszeit nach dem Essen sein. Kinderlieder mögen schon Zweijährige. Hören Sie jede CD oder Kassette auf jeden Fall zur Probe, gerade die klassischen Kinderlieder sind oft auf grausame Weise interpretiert. Bei den modernen empfiehlt sich ein Best-of Fredrik Vahle (»Guck, der kleine König kommt. Meine schönsten Lieder«) – Sie werden sich wundern, was Sie da für Ohrwürmer ernten …
Einfache Hörspiele verstehen Kinder ab etwa 2 ½. Suchen Sie nach Geschichten, die Ihr Kind schon als Buch kennt (»Conni«, »Bobo Siebenschläfer«). Dann setzt es sich auch gern mit dem Buch hin und hört dazu die Kassette. Verantwortungsvoll eingesetzt dienen so auch Hörspiele der Sprachförderung! Es gibt übrigens extrarobuste Kassettenrekorder für Kinder – hier sollte man auf Qualität achten, sonst ist der Spaß schon nach dreimal Umdrehen vorbei. Erstaunlich übrigens für alle Eltern, wie virtuos Kinder schon nach kurzer Zeit mit ihrem ersten technischen Gerät umgehen.

Kurse

Beschäftigung außer Haus – Kurse für die Kleinsten

Neben PEKiP & Co. (siehe S. 24) gibt es noch zig weitere Kurse für Babys und Kleinkindern. Fest steht: Kinder entwickeln sich auch ohne Massage und Gemeinschaftskrabbeln, aber wenn Sie andere Eltern mit gleichaltrigen Kindern kennenlernen möchten oder Ihnen zu Hause auf Dauer einfach die Decke auf den Kopf fällt, dann probieren Sie ruhig den einen oder anderen Kurs aus. Wenn Sie aber mit Ihrem Kind allein genug Spaß und Abwechslung haben oder Ihnen Nerven und Zeit für Extratermine fehlen, dann müssen Sie auf keinen Fall ein schlechtes Gewissen haben!

Babyschwimmen und Wassergewöhnung: Ein Klassiker der Babybespaßung. Angeblich lieben alle Babys das Wasser, weil sie schließlich fast zehn Monate darin rumgeschwommen sind. Tatsächlich können sich die Kleinsten im Wasser am besten bewegen, was wiederum die Muskulatur stimuliert und die Sinne sowieso. Fast alle Schwimmbäder bieten Babyschwimmen für Kinder an. Ab dem 3. Monat etwa können sie mit den Eltern paddeln und planschen. Aber Achtung: Das Wasser ist deutlich kälter als beim heimischen Wannenbad! Viele Babys schätzen das nasse Element im Übrigen auch gar nicht und schreien wie am Spieß, sobald auch nur die Zehen das Wasser berühren. Dann warten Sie einfach ab.

Babymassage: In vielen Ländern ist Babymassage eine alte Tradition. In den 70er-Jahren brachte der Arzt Frédéric Leboyer diese Tradition aus Indien mit nach Europa. Inzwischen sind sich Fachleute einig, dass die sanften Berührungen die körperliche und geistige Entwicklung der Kinder fördern. Sie lernen, den eigenen Körper wahrzunehmen, die Muskulatur entspannt sich und die Durchblutung wird anregt. In den Kursen (ab dem 5. Monat) werden den Eltern verschiedene Massagetechniken beigebracht. Informationen und Kursangebote in Ihrer Nähe finden Sie zum Beispiel unter www.dgbm.de (Deutsche Gesellschaft für Baby- und Kindermassage e.V.).

Baby-/Kinderturnen: Fast alle Sportvereine und die meisten Fitness-Center bieten entsprechende Kurse an. Für Kinder unter vier Jahren heißt es eigentlich immer Eltern-Kind-Turnen. Zu Beginn werden meist ein paar Bewegungsspiele mit der Kursleiterin gemacht, danach wird ein Parcours an Geräten aufgebaut. Die Kinder können hier klettern, toben, rennen, springen – aber immer unter Aufsicht eines Elternteils.

Musik: Schon für 6 Monate alte Kinder gibt es die berühmte musikalische Früherziehung, zum Beispiel den »Musikgarten«. Zweifelsohne werden hier Gehör, Rhythmusgefühl und Spaß an Musik gefördert. Allerdings singen und tanzen nur die Eltern und die Kursleiterin – die Kinder liegen oder sitzen daneben und hören zu. Sicherlich besser als gar nicht zu singen, aber Ihrem Kind tun Sie auch einen Gefallen, wenn Sie zu Hause Musik machen (mehr als einmal pro Woche!). Wenn die Kinder älter werden, macht so ein Musik-Termin schon eher Sinn: Sie können mitklatschen oder -tanzen – und die Eltern lernen ein Repertoire an Bewegungsliedern und Rhythmusübungen. Vor allem wenn die Kinder selbst mitsingen können (ab etwa 2 ½), haben sie sehr viel Freude am gemeinsamen Musizieren. Anbieter sind die staatlichen Musikschulen, die VHS und private Schulen wie etwa die Yamaha Musikschule. Achtung: Die Wartelisten sind meist lang und die Kurse nicht ganz billig.

03 KLEINE KÜNSTLER

03 Kleine Künstler

Früh übt sich ...

Auch wenn Sie es kaum erwarten können, die ersten Kunstwerke aufzuhängen – dieses Kapitel wird erst für Kinder ab etwa zwei Jahren aktuell. Mit 18 Monaten können sie zwar schon mit Buntstiften oder Wachsmalern kritzeln, aber fürs künstlerische Arbeiten fehlt es noch an Feinmotorik, Konzentration und auch an Interesse. Was nicht heißt, dass Sie Ihr Kind nicht schon früh fordern und fördern können. Selbst wenn es nur Gekritzel ist: Die Buntstifte sollten regelmäßig zum Einsatz kommen, einfach weil es Spaß macht und ganz nebenbei die Farben gelernt werden! Einige Kinder können schon vor Ende des zweiten Lebensjahres einzelne Farben unterscheiden. Und sie lieben es, wenn man ihnen eine Kuh, ein Auto oder eine Sonne auf ein Blatt Papier malt (ja, da werden auch die Eltern mal gefordert!).
Bis zur ersten Bastelarbeit dauert es noch länger: Falten, kleben und ausschneiden können Kinder so richtig erst mit drei bis vier Jahren. Trotzdem sollen sie experimentieren dürfen – mit möglichst vielen Materialien. Schrecken Sie nicht davor zurück, einem zweijährigen Kind ruhig mal eine Schere in die Hand zu geben. Natürlich ein Extra-Kindermodell und nur unter Aufsicht.
Und stellen Sie niemals Professionalitäts-Ansprüche! Dinge, die kleine Kinder wirklich selbst malen oder basteln, sehen immer äußerst unperfekt aus. Aber der Kreativität dient es viel eher, wenn ein Kind ein wildes Bild malt und danach mit ausgeschnittenen und aufgeklebten Schnipseln bis zur Unkenntlichkeit »verziert«, als wenn Sie ihm bei jeder Tätigkeit die Hand führen, um am Ende ein repräsentatives Weihnachtsgeschenk für Oma zu haben. Immer nur ein bisschen anleiten und viel selbst machen lassen – dann verliert das Kind auch nicht so schnell die Lust.

TOP TIPP

Für alle Bastelaktionen lohnt sich die Anschaffung einer Wachsdecke (gibt es im Kaufhaus oder bei IKEA vom Meter) als Unterlage. Dann müssen Sie nicht immer wieder mühsam Zeitungspapier ausbreiten!

FARBENSPASS

Erste Malutensilien sind – wie gesagt – extradicke Buntstifte und Wachsmaler. Letztere sollten Sie eventuell nur unter Aufsicht rausrücken, da man damit auch Tapeten und Möbel für immer verschönern kann … Mit etwa zwei Jahren kann Ihr Kind dann erste Experimente mit Fingerfarben machen. Wasserfarben sind für Kleinkinder unter vier eher nicht geeignet. Denn im Gegensatz zu Fingerfarben müssen diese erst angerührt werden, was gar nicht so leicht ist. Man muss die richtige Menge Wasser mit der richtigen Menge Farbe vermischen – das erfordert Geduld und feinmotorisches Geschick.

Expressionistische Phase

MATERIAL große Blätter Papier (DIN A3), evtl. etwas festere Qualität, Fingerfarbe, für jeden Farbtopf einen dicken Borstenpinsel, eine Unterlage (z.B. Wachstuch), ein altes Hemd (oder Malkittel) für das Kind sowie für die Eltern (!), ein feuchtes Tuch zum schnellen Abwischen
ALTER ab etwa 2 Jahre
ORT DES GESCHEHENS an einem großen Tisch
(ELTERLICHER) INPUT hoch

Diese ersten Malsessions erfordern von den Eltern ein hohes Maß an Konzentration und Reaktionsvermögen, damit nicht am Ende mehr Farbe auf dem Kind als auf dem Blatt verteilt ist. Ansonsten sollten Sie sich zurückhalten. Helfen Sie nur beim Eintauchen in die Farbe, aber stören Sie den Künstler nicht in seinem kreativen Akt: Das Kind darf Kreise und Striche malen, wie es will. Auch mal mit den Fingern, schließlich heißt es Fingerfarbe. Dabei entstehen dann wirklich auktionsreife Bilder, bunt und ungeheuer expressionistisch. Das schönste wird natürlich aufgehängt!

ACHTUNG

Beim Malen mit Fingerfarbe macht es nichts, wenn einzelne Farben auch im nassen Zustand übereinandergemalt werden – im Gegenteil: So sehen die Kinder gleich, was passiert, wenn sich die Farben mischen.

Kleine Künstler

Spuren in Bunt

MATERIAL Fingerfarbe, Borstenpinsel, Zeitungen, Schutzkleidung für alle Beteiligten und eine alte Rolle Tapete o. Ä.
ALTER ab etwa 2 Jahren, je nach Interesse des Kindes vielleicht etwas eher
ORT DES GESCHEHENS auf dem Fußboden
(ELTERLICHER) INPUT sehr hoch

Haben Sie von Ihrem Säugling einst einen Fußabdruck gemacht? Wenn ja, erinnern Sie sich bestimmt daran, dass es ein schweißtreibendes Unterfangen war – jetzt kommt die Fortsetzung, nicht weniger anstrengend.
Der Fußboden sollte sicherheitshalber mit etwa vier Quadratmetern Zeitung ausgelegt werden, das Kind hüllen Sie entweder komplett in einen Kittel oder – noch besser – ziehen es nackt aus. Dann lassen Sie es selbst eine Hand mit Farbe bemalen (etwas nachbessern, damit auch alle Finger etwas abbekommen) und drücken die Hand aufs Papier.
Lassen Sie Ihr Kind die Farben wählen, mit älteren Kindern kann man auch mal Farben mischen. Zwischen zwei »Farbgängen« immer gründlich abwaschen. Die Handabdrücke kann man natürlich auch am Tisch machen – im Gegensatz zu den Fußabdrücken, die jetzt drankommen.
Hier können Sie auch beide Füße gleichzeitig einfärben und das Kind über die Rückseite einer ausgelegten Tapetenrolle laufen lassen (an der Hand, Farbe könnte glitschig sein). Ein Riesenspaß und eine tolle Erinnerung für später!

Abb. Spuren in Bunt – das Prinzip

1. Kleidung schützen

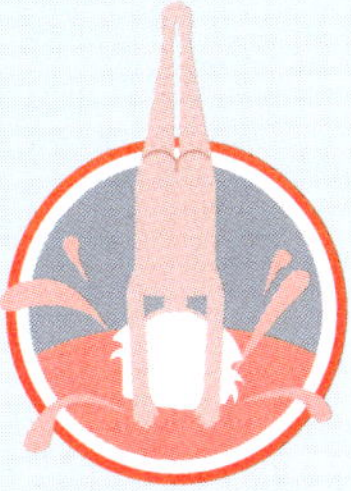

2. Körperteil(e) einfärben

3. Abdrücke auf Tapete machen

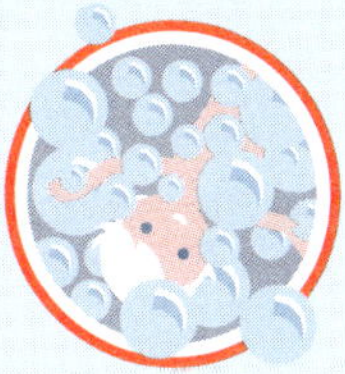

4. Farbe abwaschen

5. erneut Körperteile einfärben

6. Abdrücke auf Tapete machen: eins …

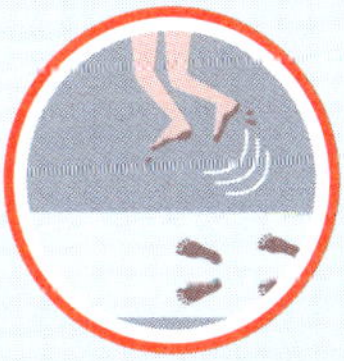

zwei …

drei …

… und fertig

Eine besonders gelungene Tapetenbahn, zum Beispiel mit Fußspuren, können Sie auch tatsächlich an die Wand (im Kinderzimmer oder auch im Flur) kleben. Aber Vorsicht, dass kein Tapetenkleister an die Farbe auf der Vorderseite kommt, sonst gibt es Verwischungen.

03 Kleine Künstler

FREMDE UND WIEDERGEFUNDENE WÖRTER

SERVIETTEN-TECHNIK [zɛəwiɛtn̩tɛçnik]

Motive von Kaffeeservietten werden via Speziallack auf Blumenübertöpfe, Wandteller und andere hilflose Objekte übertragen. Das kann jedes Kind, und deshalb wird diese Technik gern in KiTas und Kindergärten angewendet. Bitte Fassung bewahren, wenn Ihnen die Ergebnisse zu Weihnachten oder am Muttertag präsentiert werden.

KREATIVMARKT [krɛatifmaːkt]

Was in den 70er-Jahren die Töpferstube war, ist heute der »Kreativmarkt«. Ein Eldorado für alle hobbybastlerisch Berufenen, die in ihrer Freizeit gern ein wenig decopatchen, embossen oder creapoppen (was das heißt? Bitte selbst googlen; ist wahrscheinlich schon längst wieder out …). Fest steht: Alles, was Kinder zum Malen und Basteln brauchen, findet man auch im Spielzeug- oder Papierwarenladen. Oder man hat es eh schon zu Hause (Toilettenpapierrollen, Korken, alte Prospekte etc.).

BASTEL-NACHMITTAG [bastlnaxmitaːk]

Eine bizarre Veranstaltung in KiTas und Kindergärten, die meist damit endet, dass Eltern auf zu kleinen Stühlen Strohsterne fertigen, weil die Kinder das a) noch gar nicht können und b) sowieso mehr Interesse am Rumtoben und Kuchenessen haben.

PLAY-DOH™ [plɛjdoː]

Ein eingetragener Markenname; kommt von Play-Dough (= Spielteig). Clevere Amerikaner haben dazu eine Million Zubehöre entwickelt, wie z. B. eine Alienfabrik, bei der aus einem Plastikmännchen Knethaare wachsen, die dann mit entsprechendem Werkzeug frisiert werden können. Noch Fragen? Ach ja: Play-Doh lässt sich tatsächlich leichter formen als herkömmliche Knete, riecht aber sehr unangenehm und zerkrümelt bei unsachgemäßer Handhabung (also immer) zu kleinen harten Würstchen.

Punkt, Punkt, Komma, Strich

MATERIAL große Blätter Papier (DIN A3), evtl. etwas festere Qualität, Fingerfarbe, für jeden Farbtopf einen dicken Borstenpinsel, eine Unterlage (z. B. Wachstuch), Schutzkleidung, ein feuchtes Tuch zum schnellen Abwischen
ALTER ab etwa 3 Jahren
ORT DES GESCHEHENS am Tisch
(ELTERLICHER) INPUT mittel

Etwa ab drei Jahren können Kinder erste »richtige« Motive malen. Dazu braucht es allerdings etwas Anleitung und Anregung. Zeigen Sie, wie man zum Beispiel ein Männchen zeichnet. Als Erstes wird ein Kreis das Gesicht. Fragen Sie das Kind, was noch fehlt, und es wird sagen: Augen, Ohren, Mund, Nase, Haare. Dann malen Sie nur den Kreis und lassen das Kind den Rest ergänzen. Wahrscheinlich wird es riesengroße Augen reinmalen oder auch nur ganz kleine Punkte, meistens mehr als zwei, weil es sich über Mengen generell noch nicht im Klaren ist. Zeigen Sie immer wieder, dass Mama, Papa, die Puppe etc. zwei Augen haben. Dann lassen Sie Haare, Nase und Mund malen – oft ist man erstaunt, wie gut das gelingt. Manche Kinder zeichnen gern noch einen ganz langen Strich an den Mund: die Zunge! Die ersten Männchen haben übrigens keine Körper; Beine und Arme zeichnen Kinder direkt an den Kopf (Arme oft auch senkrecht neben den Kopf). Diese Kopffüßler gehören zur normalen Entwicklung, verbessern Sie Ihr Kind also nicht! Außerdem sehen diese ersten Männchen ganz hinreißend aus – unbedingt die schönsten aufheben!
FÜR ENGAGIERTE² Großeltern oder Patentanten freuen sich auch über eine Kunst-Postkarte. Hier müssen Sie aktiv werden und ein besonders gelungenes Werk im Copyshop auf DIN A6 verkleinern lassen. Auf Pappe kleben und losschicken!

Kleine Künstler

Erste Kunstdrucke

MATERIAL Weinkorken, halbierte Kartoffeln und/oder Äpfel, Fingerfarbe, Pinsel, DIN A3-Blätter und natürlich Schutzkleidung für alle Beteiligten wie o.a.
ALTER ab etwa 2 ½ Jahren
ORT DES GESCHEHENS am Tisch
(ELTERLICHER) INPUT hoch

Mit Kartoffel- oder Korkendruck können auch schon 2 ½-Jährige tolle Ergebnisse erzielen. Für die Kleinsten zeichnen Sie eine Form vor, z. B. einen Fisch oder eine Blume. Das Kind darf dann den Korken in die Fingerfarbe tauchen und bunte Kreise in das Motiv stempeln. Wenn Sie den Sauereifaktor etwas reduzieren wollen, können Sie die Farbe auf die Korken pinseln, ist aber für das Kind weniger lustig. Größere Kinder kriegen das Aufpinseln dann auch schon selbst hin.
Auch mit Apfelhälften kann man sehr schöne Bilder »drucken«, z. B. einen von Mama oder Papa gezeichneten Baum mit vielen roten Äpfel versehen. Ältere Kinder können auch mit Stofffarben stempeln und so Geschirrtücher, Schürzen, Servietten (gibt es blanko im Bastelladen oder, wenn man Glück hat, in hellen Uni-Farben bei IKEA) etc. verzieren.

ACHTUNG
Jedes Kind ist anders. Manche Kinder malen gerne, manche nicht. Manche fangen früh an, »gegenständlich« zu zeichnen, andere »kritzeln« lieber. Üben Sie also keinen Druck aus, sondern machen nur Angebote! Und immer ganz viel loben!

Farbe in der Kiste

MATERIAL Schuhkarton, festes Blatt Papier in Größe des Kartons, Plakafarbe o. Ä., Murmeln, Klebestift
ALTER 2 Jahre, vielleicht sogar eher
ORT DES GESCHEHENS am Tisch oder auf dem Fußboden
(ELTERLICHER) INPUT mittel

Kleben Sie das Papier leicht auf dem Boden des Schuhkartons fest (also nur Klebepunkte an den Ecken, so dass es hält, man es aber auch wieder rausnehmen kann). Dann darf das Kind gut Farbe auf dem Papier verteilen, die Mur-

meln (zwei bis fünf, ausprobieren!) reinwerfen und die Kiste hin und her schaukeln – natürlich so, dass die Murmeln nicht rausfallen.
Auf diese Weise entsteht ganz von selbst ein farbenprächtiges Bild – die Kinder sind begeistert und wollen garantiert gleich noch weitere zehn bis zwanzig Murmelbilder anfertigen. Sie müssen dann später nur die Murmeln abspülen. Praktisch, oder?
FÜR ENGAGIERTE[2] Einen pädagogischen Nebeneffekt erzielen Sie, wenn Sie bewusst zwei Grundfarben auf das Papier geben und das Kind die Mischfarben erkennen lassen. Größere Kinder sollten vorher mal raten, was z. B. Rot und Gelb wohl ergeben.

Abb. Murmelkiste
01 Papier auf Schuhkartonboden kleben
02 Farben und Murmeln dazugeben
03 Schuhkarton hin und her schwenken

01 02
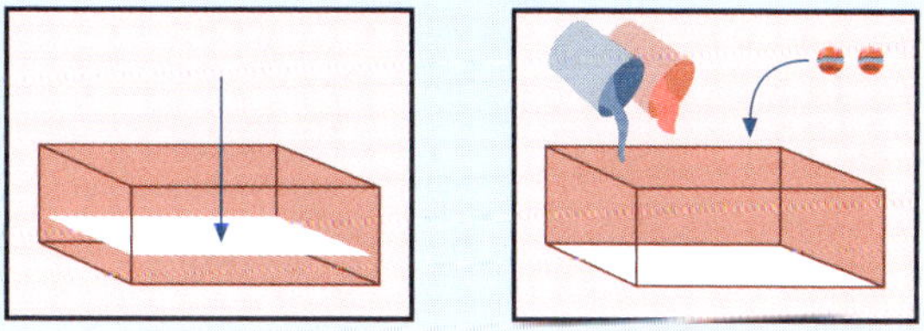

03
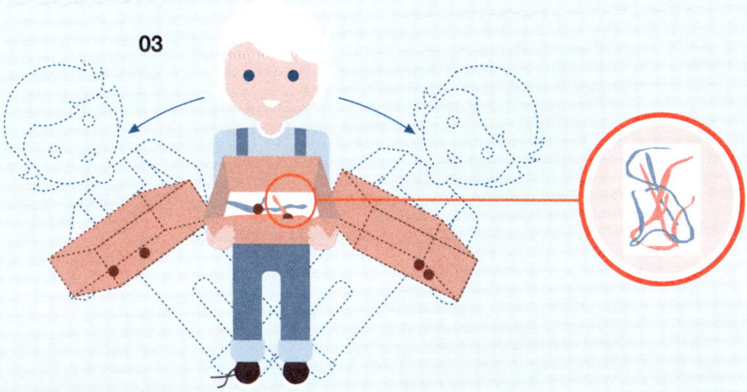

Kleine Künstler

BASTELKÖNIGE

Wenn Ihr Kind Spaß am Malen hat, können Sie sich bald gemeinsam an erste richtige Bastelarbeiten wagen. Hier kommen Schere und Klebstoff mit ins Spiel, aber Achtung: Erwarten Sie nicht zu viel. Richtig ausschneiden können Kinder frühestens mit 3½ Jahren, und auch dann nur super unordentlich. Gleiches gilt für das Auftragen von Klebstoff. Die ersten Bastelarbeiten gelingen nur mit Ihrer Hilfe, aber auch hier bitte nicht übertreiben. Für das Kind ist es frustrierend, wenn Mama sich vornimmt, ein schickes Mobile zu basteln, dann alles selbst ausschneidet und auch noch exakte Anweisung für die Gestaltung gibt. Lieber minimalistisch bleiben, selbst auf die Gefahr hin, dass das Ergebnis eher »ärmlich« aussieht. Es ist selbst gemacht, und nur das zählt.

Blumen(wiese)

MATERIAL weiße Pappe, etwas gelbe Pappe, Fingerfarbe, eine echte »typische« Blume (z. B. Margerite), Klebstoff, evtl. grüner Fotokarton (DIN A2), Stock oder Kochlöffel, Schutzkleidung und Unterlage
ALTER ab etwa 2 Jahren
ORT DES GESCHEHENS am Tisch
(ELTERLICHER) INPUT mittel

Zeigen Sie Ihrem Kind zunächst die echte Blume und erklären Blütenblätter, Staubgefäß, Stiel. Schneiden Sie dann aus der Pappe eine oder mehrere Blumen aus – etwa in der Größe eines Tellers. Ihr Kind darf die Blumen zunächst mit Fingern und Fingerfarbe bemalen. Ältere Kinder können es auch mit der Tupftechnik probieren: Nur der Zeigefinger bekommt Farbe auf die Spitze, und dann werden kleine Farbklekse getupft. Natürlich in vielen bunten Farben; hier macht es auch nichts, wenn nass in nass getupft wird.

Trocknen lassen. Nun schneiden Sie kleine Kreise aus gelber Pappe aus, die das Kind dann mit Klebstoff bestreichen und auf die Blumen kleben darf. Zeigen Sie noch mal, dass das Staubgefäß in der Mitte der echten Blume ist, lassen Sie das Kind dann aber allein kleben, auch wenn es bei seiner Blume nicht genau die Mitte trifft.
Wenn Sie mehrere Blumen anfertigen (für die Kleinen ist aber auch eine schon ein Haufen Arbeit und eine Leistung in Sachen Konzentration und Geduld!), können Sie sie zum Beispiel auf einen grünen Fotokarton kleben oder zu einem Mobile zusammenbinden (siehe Abb. S. 71). Einzelne Blumen können auf einen (grün angemalten) Stock oder Kochlöffel geklebt werden. Schönes Mitbringsel für Oma!

TOP TIPP

Die weiße Pappe müssen Sie nicht extra kaufen, es gehen auch Reste von Verpackungen; sie werden ohnehin angemalt. Die Pappe sollte nur nicht zu glatt (Farbe haftet nicht) oder sehr bunt (irritiert die Kinder beim Malen) sein.

Aquarium

MATERIAL weiße Pappe, Fingerfarbe, kleine Schwämme und Untertassen für die einzelnen Farben, evtl.: blauer Fotokarton (DIN A3), etwas Sand (vom Spielplatz oder aus dem Bastelladen), Klebstoff, Pinsel, Schutzkleidung und Unterlage
ALTER ab etwa 2 ½ Jahren
ORT DES GESCHEHENS am Tisch
(ELTERLICHER) INPUT mittel

Schneiden Sie verschiedengroße Fische und – wenn Sie es hinkriegen – auch andere Meerestiere aus weißer Pappe aus. Geben Sie ein wenig von jeder Farbe auf jeweils eine Untertasse. Das Kind kann nun ein Schwämmchen in die Farbe tauchen und damit die Fische betupfen – in unterschiedlichen Farben. Vielleicht auch mal eine Farbe trocknen lassen und mit einer anderen drübertupfen – oder Farben mischen. Kleinere Kinder sind mit dieser Tätigkeit völlig ausgelastet. Die fertigen Fische können Sie dann auf den blauen Karton kleben oder Sie fertigen ein Mobile daraus (siehe Abb. S. 71).

TOP TIPP

Es gibt unterschiedliche Kinderscheren. Die Modelle mit stumpfen Klingen sind völlig ungefährlich, schneiden aber auch nur, wenn man sie ganz exakt ansetzt (für kleine Kinder unmöglich). Am besten sind ganz schlichte Scheren mit abgerundeten Spitzen oder spezielle Modelle, die nach dem Schnitt von allein wieder aufklappen. Das ist vor allem am Anfang sehr hilfreich.

Größere Kinder können nun noch das Aquarium gestalten: Am unteren Rand tragen sie einen Streifen Klebstoff auf und lassen den Sand darauf rieseln. Trocknen lassen, überschüssigen Sand abschütteln oder -pusten. Bevor nun die Fische aufgeklebt werden, können die Kinder mit grüner Fingerfarbe und dem Pinsel noch ein paar Algen malen.

Sternenhimmel

MATERIAL weiße und gelbe Pappe, Glitzerstreu, Alufolie, Goldpapier, gelbes Transparentpapier, Klebestift, Klebstoff, evtl. blauer Fotokarton (DIN A3), Schutzkleidung und Unterlage
ALTER ab etwa 2 ½ Jahren
ORT DES GESCHEHENS am Tisch
(ELTERLICHER) INPUT mittel

Schneiden Sie verschiedengroße Sterne und einen Mond aus gelber und weißer Pappe aus. Dann darf das Kind mal zur Schere greifen und Alufolie, Goldpapier und/oder gelbes Transparentpapier in kleine Schnipsel schneiden. Wenn das noch nicht klappt, können die Papiere auch klein gerissen werden. Dann werden die Sterne und der Mond mit Klebestift bestrichen und die Schnipsel aufgeklebt. Man kann auch auf einige Klebstoff auftragen und das Glitzerstreu draufrieseln lassen.
Die fertigen Himmelskörper auf die Pappe kleben oder wiederum ein Mobile daraus machen.

Mit diesen drei Techniken (Fingerfarbe tupfen, mit Schwamm auftragen oder Schnipsel aufkleben) kann man übrigens alle möglichen Motive gestalten: Herzen, Schmetterlinge, Schneemänner etc. Beim Bekleben kann man der Fantasie freien Lauf lassen – und Stoffreste, Prospektschnipsel, Glitzerstreu, Sand etc. benutzen.

Abb. Mobile

01 Formen doppelt ausschneiden
02 Schnipsel und Glitzer ankleben
03 Schnur und zweiten Satz Sterne auf Rückseiten kleben
04 Mobile aufhängen

01

02

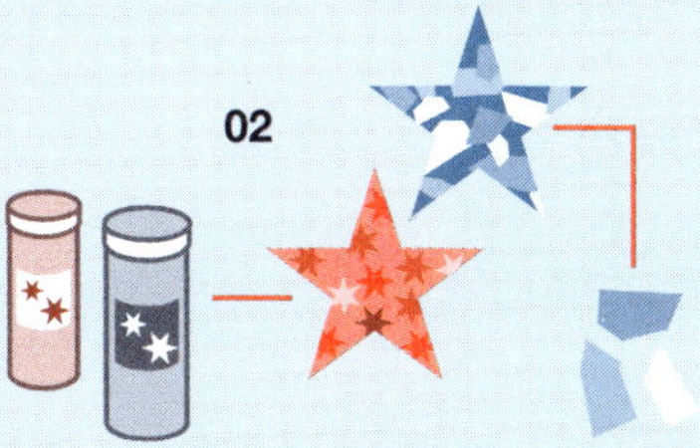

03

04

Abb. Blume

01 Blume und Staubgefäß ausschneiden
02 Blumenblätter mit Fingerfarbe betupfen
03 Staubgefäß auf Blume und Blume auf Stock kleben

01

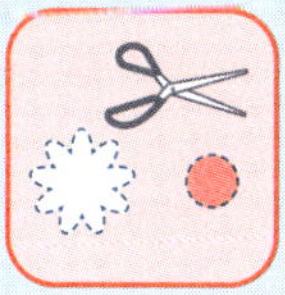

02

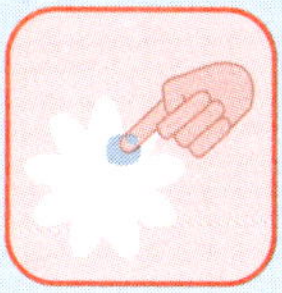

03

Abb. Aquarium

01 Fische & Co. ausschneiden
02a Schwamm in Farbe tauchen
02b Figuren betupfen
03 Sand und Figuren auf blaue Pappe kleben

03

01

02a

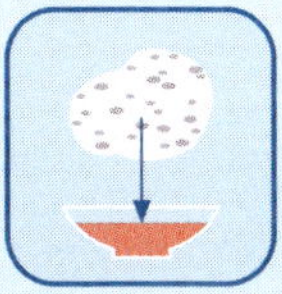

02b

03 Kleine Künstler

TOP TIPP

Für essbare Ketten kann man auch Fruit oder Honey Loops nehmen – damit erfreut man auch mehrere Kinder, z. B. auf Geburtstagsfesten!

Nudelkette

MATERIAL verschiedene hohle Nudeln, Schnur, evtl. Plakafarbe
ALTER ab etwa 2 Jahren
ORT DES GESCHEHENS am Tisch oder auf dem Fußboden
(ELTERLICHER) INPUT mittel

Vielleicht hat Ihr Kind schon mit großen Holzperlen die Feinmotorik geschult – dann kann es jetzt mit etwas Hilfe eine extravagante Kette aus Nudeln auffädeln.
Größere Kinder können die Nudeln vorher mit Plakafarbe anmalen, dann macht der Schmuck noch mehr her.

Stiftehalter

MATERIAL etwa drei Papprollen (von Toilettenpapier oder Haushaltstüchern), Klebstoff, Fingerfarbe, Pinsel, Stück dicke Pappe, Klebepistole (wenn vorhanden)
ALTER ab etwa 2 Jahren
ORT DES GESCHEHENS am Tisch
(ELTERLICHER) INPUT hoch

Der Klassiker, aber immer noch ein beliebtes Geschenk: Sie schneiden die Papprollen in drei bis vier unterschiedliche Längen, dann darf das Kind sie mit Fingern oder Pinsel bunt bemalen. Nach dem Trocknen werden sie aneinandergeklebt. Größere Kinder können dabei schon mithelfen. Damit die Stifte nicht durchrutschen, muss man das fertige Gebilde noch auf ein Stück feste Pappe kleben (entweder nehmen Sie dafür farbigen Karton oder lassen die Pappe ebenfalls vorher bemalen). Das geht am besten mit einer Klebepistole, die das Kind natürlich nicht selbst bedient. Wenn Sie so etwas nicht besitzen, geht auch Klebstoff, ist aber dann ziemlich knifflig …

Rappelkiste

MATERIAL Schuhkarton, festes Blatt Papier in Größe des Kartons, Klebstoff, Papierschnipsel, Glitzerstreu, Sand u. Ä.
ALTER mit 2 Jahren, vielleicht sogar eher
ORT DES GESCHEHENS am Tisch oder auf dem Fußboden
(ELTERLICHER) INPUT mittel

Befestigen Sie das Papier auf dem Boden des Kartons wie auf S. 66 beschrieben. Lassen Sie das Kind auf dem Papier den Klebstoff verteilen – erst mal so, wie es will. Schnell die Schnipsel, das Glitzersteu oder was auch immer reinwerfen, Deckel drauf und schütteln! Deckel ab und staunen!
Später können Sie auch mal eine Form vorzeichnen, die das Kind mit Klebstoff bestreicht. Dann ist das Ergebnis zum Beispiel ein Fisch mit Schuppen aus Glitzerpapier oder eine Blume mit Schnipseln aus rotem Krepppapier.
FÜR ENGAGIERTE^2 Was die festzuklebenden Schnipsel betrifft, können Sie richtig kreativ werden: Lassen Sie die Kinder Blütenblätter sammeln oder Eierschalen zerbröseln, reiben Sie Kreide zu feinem Staub und / oder mischen Sie diese mit Sand – die Möglichkeiten sind unendlich.

Was genau ist eigentlich WALDORF-PÄDAGOGIK?

Dieses Stichwort löst unterschiedliche Reaktionen aus: »Och nee, da lernt man doch nur, seinen Namen zu tanzen«, sagen die einen. »Toll, die gehen auf die Kinder ein und sind nicht so leistungsorientiert«, sagen die anderen.
Die Waldorfpädagogik beruht auf der von Rudolf Steiner (1861–1925) begründeten Anthroposophie. Der Name »Waldorf« stammt bizarrerweise von einer Zigarettenmarke:

03 Kleine Künstler

Im Jahre 1919 übertrug der Direktor der Waldorf-Astoria-Zigarettenfabrik Rudolf Steiner die Leitung der Schule für die Kinder seiner Arbeiter. Dessen pädagogisches Konzept ergibt sich aus der anthroposophischen Lehre von der Drei- und Viergliederung des Menschen. Das klingt abgehoben und lässt sich kaum in wenigen Worten zusammenfassen. Nur so viel: Nach Ansicht von Rudolf Steiner teilt sich der Mensch in Geist, Seele und Leib. Die Seelenfähigkeiten lassen sich nach Denken, Fühlen und Wollen gliedern. Daraus folgt für die Pädagogik, dass gleichermaßen Kopf (= intellektueller Input), Herz (= künstlerisch-kreativer Input) und Hand (handwerklich-praktischer Input) geschult werden sollen.

Waldorfschulen haben ein größeres künstlerisches Angebot als staatliche Schulen, und sie verzichten tatsächlich auf Noten; auch das Sitzenbleiben existiert nicht. Es gibt viel Projektunterricht, Konzerte, Theateraufführungen und jahreszeitlich orientierte Feste. Es wird viel Elternengagement erwartet und auch eine gewisse Überzeugung von der anthroposophischen Lehre.

Auch in Waldorfkindergärten ist die Ganzheitlichkeit (von Geist, Seele und Körper) das wichtige Stichwort. Allerdings ist das Konzept hier nicht so streng anthroposophisch wie in den Schulen. Es gibt feste Abläufe und immer einen Bezug zu den Jahreszeiten. Das Spielzeug ist im Vergleich zum üblichen Angebot reduziert und soll die Fantasie anregen: Holzstücke, Steine, Federn, Kastanien u. Ä. Es wird viel gebastelt, vorgelesen, gemalt und auch Theater gespielt. Und das mit dem Namentanzen gibt es wirklich: Eurythmie, eine Art Tanzkunst, die im Umfeld von Rudolf Steiner entstand und Pflichtfach in Waldorfschulen ist. Auch viele Waldorfkindergärten bieten diese Bewegungskunst an.

HILFE, IST DAS ALLES AUFWENDIG …

Ich habe eine tolle Idee: Heute malen wir für Omi ein Bild! Nee, Lego spielen wir nachher weiter. Jetzt wird gemalt! Warte, nur schnell noch die Pinsel holen … und die Fingerfarben. Mist, wo sind die denn? Nein, Schätzchen, noch nicht aufmachen! Ich muss doch erst … WARTE! Ich muss erst den Tisch abdecken. Och nee, jetzt sag nicht, ausgerechnet heute hat Papa das Altpapier mitgenommen. Was soll ich denn dann … HALT! Nicht den Pinsel da rein! Ich muss doch auch noch … wo sind denn bloß meine Renovierungsklamotten??? Oh nein, auf dem Dachboden … Und du musst auch noch … WARTE, habe ich gesagt! Erst mal den Malkittel anziehen! Doch, das muss sein! Sonst wird dein hübsches Kleid ganz schmutzig! Doch, das macht was! Jetzt hör mit dem Geschrei auf, verdammt noch mal, DU WOLLTEST DOCH DIESES BLÖDE BILD MALEN!!!!!!

Die schlechte Nachricht

Vor- und Nachbereitung von künstlerischen Aktionen mit Kindern unter drei Jahren dauern grundsätzlich deutlich länger als die Durchführung. Kinder torpedieren die notwendigen Maßnahmen durch Widerstand gegen die Schutzkleidung, Ignoranz gegenüber guten Ratschlägen wie »Nimm doch weniger Farbe!« und Streitgespräche über den Sinn von Händewaschen. Nicht selten sind sie unzufrieden mit dem Ergebnis und zerstören ihr Kunstwerk noch vor Vollendung.

Die gute Nachricht

Irgendwann wird Ihr Kind Ihnen all diese Mühen danken. So in etwa dreißig Jahren, wenn es ein frühes Werk auf dem Dachboden findet und sagt: Toll, was du damals so alles mit mir gemacht hast! Ohne dich hätte ich die Ausstellung im Guggenheim nie bekommen!

03 Kleine Künstler

TOP TIPP

Ton gibt es im Bastelgeschäft oder (oft viel billiger!) in einer Töpferei zu kaufen. Einfaches Modellierwerkzeug aus Plastik ist kein Muss, aber nicht teuer und ein großer Spaß für die Kinder, wenn sie damit den Ton schneiden, stechen, schraffieren etc. können.

MODELLIEREN FÜR MINIS

Kneten und formen soll pädagogisch unglaublich wertvoll sein. Deswegen können es Eltern kaum erwarten, dem Kind einen ersten Klumpen Knete zu präsentieren. Meistens eine Enttäuschung auf der ganzen Linie: Das Kind verliert schon nach kurzer Zeit die Lust an der Kneterei. Anstatt eine kleine Skulptur zu modellieren, zerkrümelt es die Knete und massiert sie unbemerkt in Kleidung und Teppich ein (geht schlecht bis gar nicht wieder raus). Schon nach wenigen Minuten sind die einzelnen Knetfarben zu gräulich-bräunlichen Klumpen geworden – die man eigentlich nur noch wegschmeißen kann.
Wenn Sie Ihrem Kind ein sinnliches Erlebnis gönnen wollen und bereit sind, dafür einiges an Aufwand (vorher, während und danach) in Kauf zu nehmen, sollten Sie lieber Ton statt Knete kaufen. Der matscht herrlich und ist viel leichter zu formen.

Erste Skulpturen

MATERIAL eine Erwachsenenhand voll Ton, kleine Schüssel mit Wasser, Schaschlikspieß oder Stricknadel, Schutzausrüstung für alle Beteiligten und die Umgebung, evtl. Plakafarben und Pinsel
ALTER ab 2 Jahren
ORT DES GESCHEHENS am Tisch
(ELTERLICHER) INPUT sehr hoch

Kneten Sie ein Stück Ton erst einmal etwas »an« – so lange, bis es geschmeidig genug für kleine Hände ist. Dann darf das Kind kneten. Und bohren und drücken und ziehen und drehen. Und auch mal die Hände in die Wasserschüssel tauchen und weiterkneten. Das ist ein großartiges Gematsche und ein Riesenspaß, auch ohne dass irgendetwas entsteht.

Je nach Alter des Kindes können Sie es jetzt auffordern, z. B. eine Kugel zu formen. Am besten, Sie bearbeiten parallel ein eigenes Stück Ton, dann können Sie die einzelnen Schritte immer wieder zeigen. Die Kugel kann dann an einer Seite spitz gezogen und unten etwas platt gedrückt werden: Ein Igel! Mit der Stricknadel o. Ä. kann das Kind dann Löcher in den Igel piksen – Stacheloptik vom Feinsten!
Oder Sie lassen eine Schlange rollen und diese dann einlegen zu einer Schnecke. Das vordere Ende bleibt lang, bekommt Fühler und vielleicht ein Gesicht.
Die fertigen Miniskulpturen kann man in eine Töpferei zum Brennen bringen – das muss aber gar nicht sein. Wenn sie über Nacht an der Luft trocken, werden sie ebenfalls hart, wenn auch etwas zerbrechlich. Man kann sie dann noch anmalen.

Abb. Tonmeister

01 Ton ankneten

Igel:

02a Kugel formen

02b Löcher piksen

Schnecke de Luxe:

03a 2 Schlangen rollen und eine einlegen

03b »Haus« auf Körper

03c Fühler hinzufügen

04 Skulptur anmalen

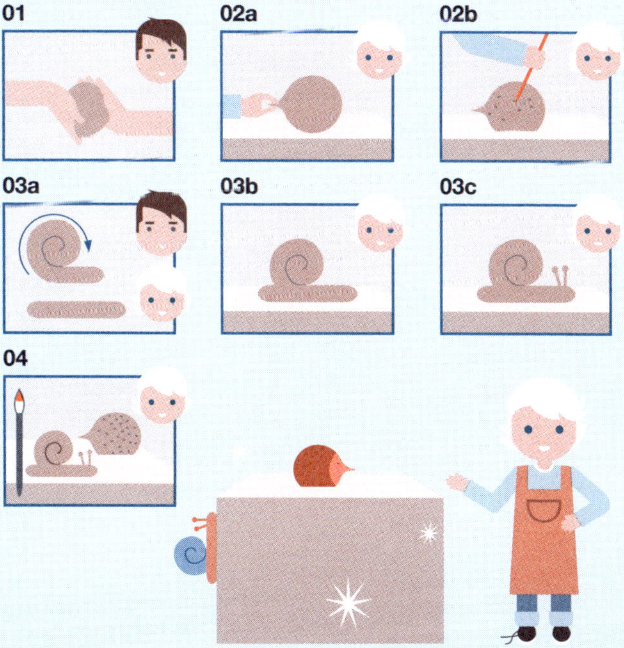

= Elternarbeit

= Kinderarbeit

Ton-Kekse

MATERIAL wie oben beschrieben, außerdem ein Nudelholz und Ausstechförmchen
ALTER ab 2 Jahren
ORT DES GESCHEHENS am Tisch
(ELTERLICHER) INPUT sehr hoch

Auch hier sollten Sie mit einer ausgiebigen Knetrunde anfangen, das ist nun mal das Schönste für die Kinder. Dann kann der Ton ausgerollt werden wie Teig (das müssen Sie wahrscheinlich übernehmen), und anschließend können die Kinder Tonplätzchen ausstechen. Auch diese kann man trocknen lassen und dann anmalen (Achtung: sehr zerbrechlich, weil dünn!). Wenn Sie vor dem Trocknen ein Loch oben reinbohren, kann man die »Plätzchen« später aufhängen, z. B. an den Weihnachtsbaum oder als kleines Mobile.

Abdrücke (für die Ewigkeit)

MATERIAL wie oben beschrieben, außerdem ein Nudelholz und Dinge, die Abdrücke machen (Geldstücke, Blätter, Zweige, Muscheln etc.)
ALTER ab 2 Jahren
ORT DES GESCHEHENS am Tisch
(ELTERLICHER) INPUT sehr hoch

Nach dem Weichkneten wird der Ton wieder ausgerollt, und dann darf jeder mal was reindrücken: einen Legostein, eine Muschel aus dem Urlaub, ein geriffeltes Glas, einen Zweig oder auch die eigene Hand.
Wenn sich irgendein Abdruck als besonders künstlerisch erweist, kann man das Tonstück z. B. rund zuschneiden und trocknen lassen – ein schönes Geschenk für Oma!

TIME-OUT

Und kreativ geht der Tag zu Ende!

Selbst badeunlustige Kinder werden sich mit den Errungenschaften der modernen Industrie vom Wannenspaß überzeugen lassen: Heutzutage gibt es nichts, was es nicht gibt, also auch farbigen Badeschaum und Badewannenfarben.

Ersteren können sich die Kinder wild auf den Körper schmieren, Letztere färben einfach das Wasser bunt. Das Ergebnis ist in jedem Fall: Glückliche Kinder, die mindestens 15 Minuten im warmen Wasser beschäftigt sind.

Währenddessen können Sie – nein, nicht ins Wohnzimmer gehen, um die neue Folge der Vorabendserie zu sehen! – es sich irgendwo im Badezimmer gemütlich machen und die Zeitung lesen oder ein Buch, sich die Nägel maniküren oder eine Gesichtsmaske auflegen, einen Kaffee oder ein Glas Rotwein trinken – oder einfach gar nichts tun. Herrlich!

Die Gefahr ist allerdings, dass es in Zukunft nie mehr ohne diese Farben im Wasser geht. Aber das macht ja eigentlich nichts.

Unterwegs

Wie lange noch? – Unterwegs mit Kindern

Es soll ja Kinder geben, die Autofahren lieben und immer schlafen, singen oder selbstständig Bücher angucken. Die meisten Kinder allerdings sind früher oder später reichlich genervt davon, die ganze Zeit wie festgetackert im Autositz zu sitzen. Vor allem die Kleinen lassen sich gar nicht beeindrucken durch Versprechungen wie »Es dauert nur noch eine halbe Stunde« oder »Bei Oma gibt es dann gleich lecker Kuchen«. Da muss man schon andere Tricks auf Lager haben, um die Autofahrt ohne mehrfache Nervenkrisen bei Eltern und Kind zu überstehen. Einige Tipps helfen auch bei Zugfahrten, längeren Buggytouren oder Spaziergängen.

Mein Rucksack!: Mit einem eigenen Rucksack o.Ä. fühlt sich das Kind gleich als besonders wichtiger Mitreisender. Packen Sie gemeinsam ein paar Bücher, ein Kuscheltier oder die Puppe, ein kleines Spielzeug und ein paar Buntstifte plus Malblock ein. Während der ersten halben Stunde wird das Kind mit aus-, ein- und umpacken beschäftigt sein. Eine weitere halbe Stunde geht locker rum, wenn Sie gemeinsam mit dem Kind malen oder Bücher angucken.

Der Proviant: Eine weitere Tasche packen Sie mit Proviant, der im Auto oder Zug ausnahmsweise auch mal zur Ablenkung eingesetzt werden darf: etwas Obst, Joghurt, Salzstangen, Reiswaffeln, Kekse (ja, bei langen Reisen dürfen es auch mal mehr Kekse sein!). Außerdem natürlich etwas zu trinken – vielleicht in einer besonderen Reise-Flasche? Das erhöht die Spannung!

Eine Überraschung: Es ist immer gut, einen Supertrumpf in der Hinterhand zu haben – für Krisensituationen wie kilometerlange Staus, hysterische Anfälle, akuten Reiseüberdruss. Je nach Alter des Kindes und Dauer der Fahrt kann das eine Minitüte Gummibärchen sein, ein neues Buch oder ein kleines Reisespiel.

Musik muss mit: Nehmen Sie immer ein Liederbuch mit: Für ganz kleine Kinder gibt es Pappbücher mit einfachen Kinderliedern, für die größeren können Sie ruhig ein ganz dickes einpacken. Und dann singen Sie es von vorne bis hinten durch – immer noch eine perfekte Ablenkung gegen Reisefrust. Wenn Sie nicht so melodiesicher sind, legen Sie einfach eine CD dazu ein. Das ist übrigens auch eine gute Lösung, wenn Sie mit dem Kind allein im Auto unterwegs sind.

Zur Not gibt es Theater: Genug gemalt, heiser gesungen, Überraschungen alle – und immer noch nicht am Ziel? Dann müssen Sie ran und Theater spielen. Mit Finger- oder Handpuppen (am besten immer ein paar im Auto parat haben), notfalls auch mit dem Lieblingsstofftier eine kleine Kaspertheatervorführung improvisieren, je alberner, desto besser. Ihr Kind wird begeistert sein und womöglich sogar den wütenden Protest gegen Autofahren, Gurte und Kindersitze sofort einstellen. Sparen Sie sich diesen Teil aber unbedingt für die allerletzte Krise auf, denn gegen dieses Theater fällt alles andere ab – und wahrscheinlich müssen Sie bis zum Ziel der Reise weiterkaspern.

04 FESTE FEIERN IM JAHRESLAUF

04 # Feste feiern

Sie kennen die Jahreszeiten?

Früher (= vor den Kindern) war es Frühling, wenn man wieder einen Milchkaffee in der Sonne trinken konnte. Sommer, das waren Freiluftkonzerte und Picknicks im Park. Der Herbst zeichnete sich durch lange Spaziergänge mit anschließendem Grog aus – und im Winter, da konnte man im besten Fall Ski fahren und ansonsten ging man viel ins Kino und machte sich Lesestunden in warmen Socken. Jetzt werden im Frühling die Regenwürmer begrüßt und Ostereier angemalt, im Sommer muss Wasser her zum Planschen und außerdem sehr viel Eis. Im Herbst wird jede Kastanie bejubelt und sehnsüchtig auf die Dunkelheit gewartet, damit man die selbst gebastelte Laterne ausführen kann. Und Winter, das ist in erster Linie Weihnachten, also Plätzchen backen und Wunschzettel ausdenken und Sterne basteln und Adventskalender öffnen und warten und warten. Außerdem natürlich Silvester und Fasching und im günstigsten Fall Schnee. Für Kinder ist es einfach schön, die Jahreszeiten bewusst zu erleben; sie lernen dabei das Jahr kennen, erfahren, was unsere Feste bedeuten, und können Zeit besser einordnen.

FASCHING

Fasching, Karneval oder Fastnacht ist das erste Fest im Jahr. Nicht überall hat es die gleiche große Bedeutung, für Kinder aber spielt Fasching immer eine Rolle, auch wenn man es im Norden nicht so genau nimmt und in einigen Kindergärten erst nach Aschermittwoch gefeiert wird. Kleine Kinder können mit Kostümen allerdings gar nichts anfangen, viele finden sie sogar äußerst unheimlich und leiden richtig bei der lauten Party in der Kindertagesstätte. Erst wenn sie mit dem Rollenspiel anfangen, werden auch

Verkleidungen interessant. Vorher können Sie ein bisschen üben oder eben selbst Theater spielen.

Verkleidungskiste

MATERIAL eine Kiste und alles, was man anziehen, aufsetzen oder umhängen kann
ALTER ab etwa 2 Jahren
ORT DES GESCHEHENS zu Hause
(ELTERLICHER) INPUT gering

Eine Verkleidungskiste sollte in keiner Familie fehlen. Besonders geeignet dafür ist eine alte Truhe, aber man kann natürlich auch eine einfache Holztruhe kaufen (z. B. bei IKEA). Zur Not tut es auch eine Plastikkiste. Dort sammeln Sie alles, womit man sich verkleiden kann. Für die Kleinen sind das in erster Linie Hüte und Tücher, vielleicht ein simpler Indianerschmuck, eine Polizeimütze oder eine Prinzessinnenkrone. Außerdem ein paar Accessoires wie Polizeikelle, Piratenfernrohr oder eine große Holzkette.
Nach und nach wird die Verkleidungskiste aufgestockt: mit alten Röcken von Mama, lustigen Hemden von Papa und Modeschmuck, der aus der Mode gekommen ist. Auch die diversen Faschingskostüme finden hier den perfekten Aufbewahrungsort.
FÜR ENGAGIERTE[2] Bemalen Sie die Verkleidungskiste als Schatztruhe o. Ä.! Größere Kinder können dabei auch helfen.

TOP TIPP
Stellen Sie die Verkleidungskiste möglichst nicht ins Kinderzimmer, sondern an einen eher »abgelegenen« Platz. Dann bleibt sie etwas Besonderes!

Kasperltheater

MATERIAL ein großer Pappkarton oder die Verpackung eines IKEA-Möbels o. Ä., Farben (je nach Alter Finger- oder Volltönfarben), Pinsel, kleine Schwämme, Cutter, evtl. Stoffrest für den Vorhang
ALTER ab etwa 2 Jahren
ORT DES GESCHEHENS zu Hause
(ELTERLICHER) INPUT hoch

Feste feiern

Tritratrallala – eine kleine Kaspertheatervorführung erfreut tatsächlich schon die Zweijährigen. Für den Anfang reichen etwa drei Handpuppen (gibt es in unterschiedlicher Preislage im Spielzeugladen, Internet oder auch bei IKEA). Das Theater dazu können Sie zusammen mit Ihrem Kind bauen. Knicken Sie eine große Pappe zweimal und schneiden Sie mit dem Cutter in das mittlere Feld oben ein Rechteck. Jetzt können Sie das Theater gemeinsam bemalen – evtl. streichen Sie eine helle Grundierung vor, dann hat es Ihr Kind etwas leichter. Größere Kinder können Motive malen, die Kleinen machen Handabdrücke oder wilde Strukturen mit Fingern, Pinsel oder Schwämmen.
Zum Schluss können Sie oben noch etwas Stoff als Vorhang ankleben oder -tackern.

Masken basteln

MATERIAL weiße Pappteller, Eierkarton, Fingerfarbe, Pinsel, Federn (gibt es überraschend günstig im Bastelladen), Kleber, Gummiband, Wachstuch und Schutzkleidung, Wollreste, Bänder
ALTER ab etwa 2 Jahren
ORT DES GESCHEHENS zu Hause
(ELTERLICHER) INPUT hoch

Die meisten Kleinkinder mögen es nicht, wenn man ihnen eine Maske aufsetzt, und reißen sie gleich wieder runter. Aber basteln und angucken macht auch Spaß – und irgendwann gegen Ende des dritten Lebensjahres werden sie die Masken auch mit Begeisterung tragen und ca. 1000-mal in Folge Oma erschrecken.
Die einfachste Variante entsteht aus einem weißen Pappteller, in den Sie zunächst Löcher für Augen, Nase und Mund schneiden. Das Kind darf dann bemalen – kleinere Kinder wild und bunt, größere malen Wimpern und rote Backen und kleben oben Wollreste als Haare an. Oder Sie kleben

ein Stück vom Eierkarton als Schweinenase auf und malen dann gemeinsam alles in rosa an. Zwei Ohren aus Pappe drankleben – fertig ist die Schweinchenmaske.
Für eine Vogelmaske kann man ein Eierkarton-Element als Schnabel ankleben und rundherum Federn befestigen. Profi-Bastler (bei den Kleinen helfen die Eltern) schneiden aus dem Eierkarton ein Stück mit zwei Vertiefungen und einer Spitze heraus. Dann werden die Ränder weggeschnitten, so dass nur noch die Spitze (= Schnabel) und die zwei Kreise der Vertiefung übrig sind. In die Kreise wird jeweils ein Loch für die Augen geschnitten. Diesen Papp-Korpus kann das Kind nun anmalen. Nach dem Trockenen werden um die Augen viele bunte Federn geklebt. Jetzt müssen Sie nur ein Gummiband an den Seiten befestigen – und fertig ist eine extrem edle venezianische Vogelmaske!

Abb. Vogelmaske
01 Eierkarton zuschneiden
02 Pappe anmalen
03 Federn ankleben

01
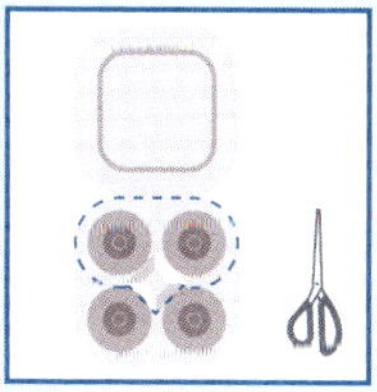

02
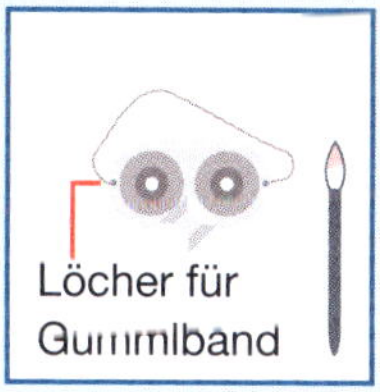

03

Komischer Vogel

Abb. Pappmasken

Grete

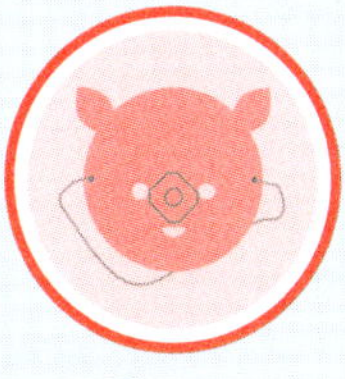
Grunz

Grusel

Auch wenn Halloween inzwischen zu den festen Feierlichkeiten zählt: Achten Sie darauf, dass Masken und Verkleidungen kindgerecht bleiben. Ein Zweijähriger weiß nicht, was ein Skelett ist, und sollte auch nicht so maskiert werden.

Feste feiern

OSTERN UND FRÜHLING

Endlich muss man die Zwerge nicht mehr polarforschermäßig einpacken, bevor man das Haus verlässt. Und Rumstehen auf dem Spielplatz wird gleich viel netter, wenn man überall ein bisschen Grün sieht. Ach ja, und vergessen Sie Ostern nicht, auch wenn Sie dieses Fest früher nicht so richtig auf dem Plan hatten. Kinder lieben Ostern – und es bietet unheimlich viele Möglichkeiten zum Basteln und Malen, sogar schon für die Kleinen, die sich besonders freuen, dass viele ihrer selbst gemachten Werke dann auch jedes Jahr wieder auf dem Ostertisch stehen.

Eierbecher

MATERIAL weißer Fotokarton, Schere, Buntstifte und/oder Wachsmaler, Tacker
ALTER ab etwa 1½ Jahren
ORT DES GESCHEHENS am Tisch
(ELTERLICHER) INPUT gering

Den Fotokarton in Streifen schneiden: etwa 18 cm lang (am besten den Eier-Umfang vorab testen) und 3 cm breit. Diese Streifen darf das Kind dann ganz nach Wunsch und Können bemalen. Schließlich nur noch zusammentackern – fertig.

Kressekopf

MATERIAL Eierschalenhälften (z. B. vom Backen), etwas Fingerfarbe, Watte, Kressesamen, Eierbecher oder Toilettenpapierrollen
ALTER ab etwa 1½ Jahren
ORT DES GESCHEHENS am Tisch
(ELTERLICHER) INPUT mittel

Auf die halbe Eierschale wird zunächst ein Gesicht gemalt (Achtung: Das untere Drittel bleibt frei, denn das steckt

später im Eierbecher): Das Kind darf die Fingerspitze in die Farbe tauchen und zwei Punkte für die Augen, einen für die Nase machen und einen roten Mund malen. Bei den Kleinsten müssen Sie den Malfinger führen, sonst gibt es Frust!
Dann wird etwas feuchte Watte in die Eierschale gestopft. Die Kressesamen draufstreuen, die Eihälfte in einen Eierbecher stellen – und warten. Und jeden Tag gießen bzw. mit Wasser besprühen (das lieben auch die Kleinen!). Nach etwa vier Tagen bekommt der Eierkopf eine 1a-Frisur – und Ihr Kind wird sich freuen wie über den Osterhasen höchstpersönlich. Nach dem gleichen Prinzip kann man auch eine Osterwiese für die bunten Eier anlegen (Kresse auf einen großen Teller oder ein Metalltablett säen).
Variante für ältere Kinder: Auf Toilettenpapierrollen den Körper zum Eierkopf malen: eine Frau mit Kleid oder einen Mann im Anzug. Eihälfte oben draufsetzen – sieht super aus! Außerhalb der Ostersaison kann man auch Blumentöpfen ein Gesicht malen und die Kresse oben rauswachsen lassen.

Tischset

MATERIAL eine Kartoffel, grüne und gelbe Fingerfarbe, ein DIN A3-Blatt in festerer Qualität, Buntstifte in Schwarz und Rot, Wachstuch zum Unterlegen und Malkittel für alle Beteiligten
ALTER ab etwa 2 Jahren
ORT DES GESCHEHENS am Tisch
(ELTERLICHER) INPUT hoch

Das Kind bekommt eine Hand grün angemalt und lässt aus vielen Handabdrücken in der unteren Bildhälfte eine Wiese entstehen. Trocknen lassen. Dann eine Kartoffelhälfte mit gelber Farbe bestreichen und das Kind kleine Küken drucken lassen. Wenn diese auch getrocknet sind, können ältere Kinder (ab etwa 3) schon selbst mit dem Buntstift Schnäbel in Rot und Beine sowie Augen in Schwarz an die Küken zeichnen. Bei den Kleinen helfen die Eltern ein bisschen mit.

Das getrocknete Kunstwerk kann man im Copyshop laminieren lassen – und fertig ist ein wunderbares Frühlingstischset! Perfekt geeignet auch als Osterüberraschung für Oma.

Eier anmalen

MATERIAL ausgepustete Eier, Fingerfarbe, Pinsel, Schutzkleidung, Wachstuch, Schaschlikspieße, Korken, Streichhölzer, Faden

ALTER ab etwa 2 Jahren

ORT DES GESCHEHENS zu Hause

(ELTERLICHER) INPUT hoch

Eier anmalen gehört unbedingt zu Ostern dazu und ist schon für Zweijährige ein Riesenspaß. Sie können auch den Kleinen ruhig echte ausgepustete Eier geben – sie werden wahrscheinlich nicht kaputtgehen, und wenn doch, bekommen sie eben ein neues. Es ist einfach schöner mit echten Eiern, das merken auch schon die jüngeren Kinder! Alternativ gibt es im Bastelladen Styropor-Eier in verschiedenen Größen – die können auch angemalt und beklebt werden. Spießen Sie die ausgepusteten Eier am besten auf einen Schaschlikspieß und stecken Sie unten und oben einen Korken drauf – das erleichtert die Handhabung enorm. Die Kinder können die Fingerfarben dann entweder mit dem Pinsel auftragen oder gleich mit den Fingern – dreckig werden sie ohnehin!

Zum Aufhängen einen Faden an ein Streichholzstück (0,5 cm) knoten und das Hölzchen in das Loch vom Auspusten fummeln. Eventuell muss man das Loch vorsichtig etwas vergrößern.

TOP TIPP

Noch einfacher geht es mit einer Ostereier-Anmalhilfe bzw. Ostereier-Malmaschine – raffinierte Vorrichtungen, die das Ei in Position halten. Gibt es zur Osterzeit in Kaufhäusern und Bastelläden oder auch im Internet (z. B. unter jako-o.de). Allerdings auch ein bisschen unsportlich – und außerdem müssen die Dinger dann die restlichen elf Monate irgendwo aufbewahrt werden …

Indoor-Beet

MATERIAL altes Tablett o. Ä., Blumenerde, etwas Sand, verschiedene Samen (Erbsen, Kresse, Ostergras, Petersilie, Bohnen etc.), Wachstuch, Esslöffel, Gabel, einige kleine Steine, Zahnstocher
ALTER ab etwa 2 Jahren
ORT DES GESCHEHENS auf dem Balkon oder an einem großen Tisch
(ELTERLICHER) INPUT hoch

Schon Zweijährigen kann man erklären, dass im Frühling alles wieder zu wachsen beginnt – am besten, indem man selbst etwas aussät und wartet, bis die ersten Keime durch die Erde brechen. Dazu kann man einfach einen Blumentopf nehmen oder aber – für den ganz großen Effekt – ein richtiges Beet anlegen. Gehen Sie mit dem Kind verschiedene Samentütchen und Blumenerde kaufen, sammeln Sie draußen ein paar besonders schöne Steine (nicht zu groß!), und dann geht es los mit der Gartenarbeit: Mit dem Esslöffel die Erde etwa 2–3 cm »tief« auf einem Tablett verteilen und mit den Steinchen einzelne Beete abteilen. Die Samen auf die zugedachten Parzellen streuen, mit der Gabel etwas unterharken und dann die Erde leicht andrücken. Man kann auch noch einen kleinen Weg aus Sand streuen – das sieht sehr hübsch aus! Vielleicht spendiert Ihr Kind ein kleines Plastiktier oder ein Legomännchen, dann darf es das auf den Weg stellen. Mit Zahnstochern kann man kleine Pflanzschildchen basteln: Ein Stück der Samentüte (mit Bild der Pflanze!) abschneiden und um den Zahnstocher kleben. So können die Kinder immer sehen, was wo wachsen soll. Schön gießen bzw. am besten besprühen und abwarten. Schon nach einigen Tagen sieht man die ersten grünen Spitzen. Irgendwann wächst dann alles durcheinander, und man muss ernten (die Kresse) bzw. umtopfen – oder auch einfach wegschmeißen.

Kleintier-Fotosafari

MATERIAL Becherlupe (Spielzeugladen), Esslöffel, Digitalkamera, einfaches Einsteckalbum
ALTER ab etwa 1 ½ Jahren
ORT DES GESCHEHENS im Garten oder Park
(ELTERLICHER) INPUT hoch

Im Frühling krabbelt es wieder – sehr zur Freude der Kinder. Viele Erwachsene tun sich schwer mit der Begeisterung für Regenwürmer, komische Käfer und Kellerasseln. Aber wenn Sie Ihrem Kind eine Freude machen wollen, rufen Sie doch mal eine Kleintier-Safari aus: Ein Spaziergang durch den Park mit Becherlupe und Digitalkamera. Schön auf dem Boden kriechen und einfangen, was kreucht und fleucht. Die meisten Kinder und coole Erwachsene machen das mit bloßen Händen, Zartbesaitete nehmen einen Esslöffel zu Hilfe. Rein in die Becherlupe mit dem Getier und in Ruhe besichtigen. Danach werden Fotos gemacht: Regenwurm mit Kind, Regenwurm ohne Kind, auf der Hand, in der Lupe, in seinem Lebensraum etc.
Möglichst zeitnah ausdrucken und in einem Einsteckalbum sammeln – das wird bestimmt sofort das Lieblingsbilderbuch!

Abb. Kleintier-Fotosafari
01 Insekt in die Becherlupe setzen
02 Fotos machen
03 Fotos in Album kleben

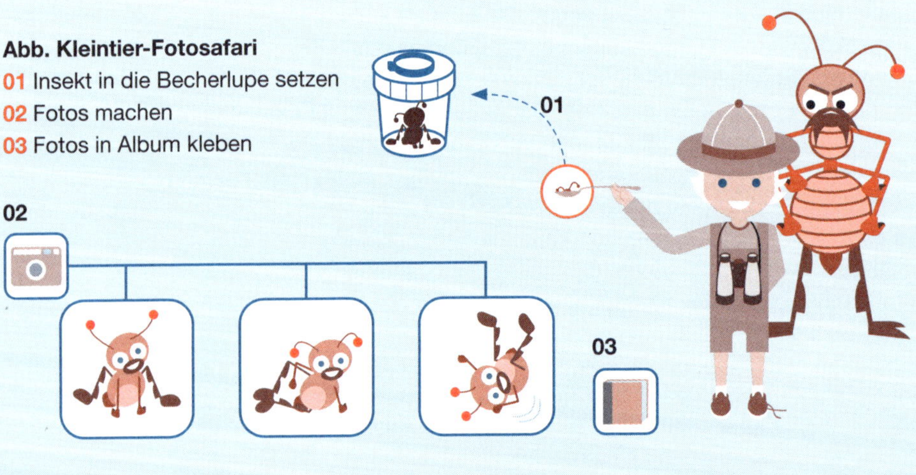

SOMMERSPASS

Monatelang wartet man auf den Sommer, aber wenn dann endlich die Sonne vom Himmel knallt, macht es vielen Eltern gar keinen Spaß: Sonnenbrand droht und Sonnenstich, zu warm angezogen oder zieht es doch? Mit nasser Badehose im Schatten sitzen, das geht gar nicht – und war die Sonnencreme jetzt eigentlich wasserfest? Stressen Sie sich nicht zu sehr, sondern versuchen Sie, den Sommer trotz Ozon und UV zu genießen – Ihr Kind wird es auf jeden Fall lieben, vor allem wenn Wasser ins Spiel kommt …

Bunte Eiswürfel

MATERIAL Eiswürfelbehälter, Lebensmittelfarbe, Babybadewanne oder Planschbecken
ALTER ab etwa 8 Monaten
ORT DES GESCHEHENS im Garten oder auf dem Balkon
(ELTERLICHER) INPUT gering

Draußen baden – das ist für Kinder schon ein Ereignis für sich. Wenn der Sommer aber lang und warm ist, kann man den Badespaß noch toppen, indem man farbige Eiswürfel ins Spiel bringt: Füllen Sie den Eiswürfelbehälter mit Wasser und geben Sie unterschiedliche Lebensmittelfarben in die einzelnen Fächer. Wenn die Eiswürfel gefroren sind, kann Ihr badendes Kind damit im Wasser spielen: reinwerfen, auf Boote laden, vom Bein rutschen lassen etc.

Schwammfüße

MATERIAL einfache Haushaltsschwämme etwa in der Größe der Kinderfüße, Gummibänder, Schüssel mit Wasser
ALTER ab etwa 1 ½ Jahren
ORT DES GESCHEHENS im Garten oder Park
(ELTERLICHER) INPUT gering

Befestigen Sie die Schwämme mit Gummibändern an den Kinderfüßen. Ins Wasser tauchen und los geht's: Quatsch, quatsch, quatsch über den Weg gehen und eine lustige Spur machen. Vielleicht mal ein paar Froschhüpfer ausprobieren? Hauptsache, es hüpft Ihnen niemand auf den Schoß!

Eis mit Gummitieren

MATERIAL Stieleisförmchen, Saft, Früchte, (Wein-)Gummitiere
ALTER ab etwa 1 Jahr
ORT DES GESCHEHENS am besten draußen
(ELTERLICHER) INPUT gering

Machen Sie Eis selbst: Einfach Saft in die Stieleisförmchen füllen – einfrieren, fertig. Lustiger ist es mit ein paar Experimenten: Pürieren Sie Früchte oder geben Sie ein paar kleine Stückchen in den Saft. Größere Kinder freuen sich über ein eingefrorenes (Wein-)Gummitier, das sie nach und nach freilecken können. Auch ein Renner auf Kindergeburtstagspartys!

Knautschball

MATERIAL zwei Luftballons, Trichter, Sand, Schere
ALTER ab etwa 1 Jahr
ORT DES GESCHEHENS am Strand oder auf dem Spielplatz
(ELTERLICHER) INPUT mittel

Hier müssen die Erwachsenen zuerst viel assistieren, aber das Ergebnis ist dann ein tolles Spielzeug für die Kinder. Mit Hilfe des Trichters können die (größeren) Kinder Sand in den Ballon füllen, bis er etwa so groß ist wie ein Tennisball. Dabei muss man den Ballon immer wieder dehnen: die Öffnung lang ziehen und den nachrutschenden Sand mit dem Daumen in die Mitte des Ballons drücken. Wenn es ein pral-

ACHTUNG
Kleine Kinder dürfen nur unter Aufsicht mit den Knautschbällen spielen – falls sie versuchen reinzubeißen.

ler Ball geworden ist, wird die Öffnung platt darübergelegt. Von dem zweiten Ballon die Öffnung abschneiden, so dass er ein Loch hat. Dann ziehen Sie den zweiten Ballon so über den Sandball, dass das Loch auf der gegenüberliegenden Seite der abgeknickten Öffnung des ersten Ballons ist (das ist etwas mühselig, evtl. das Loch noch mal vergrößern). Fertig ist der Knautschball!

FÜR ENGAGIERTE[2] Fertigen Sie Knautschbälle in verschiedenen Farben. Spielen Sie damit Dosenwerfen oder Knautschball-Weitwurf.

Abb. Knautschball

01 Öffnung von Ballon 1 lang ziehen
02 Sand einfüllen
03 Sand in Mitte des Ballons drücken
04 Öffnung von Ballon 2 abschneiden
05 Ballon 2 über Ballon 1 stülpen

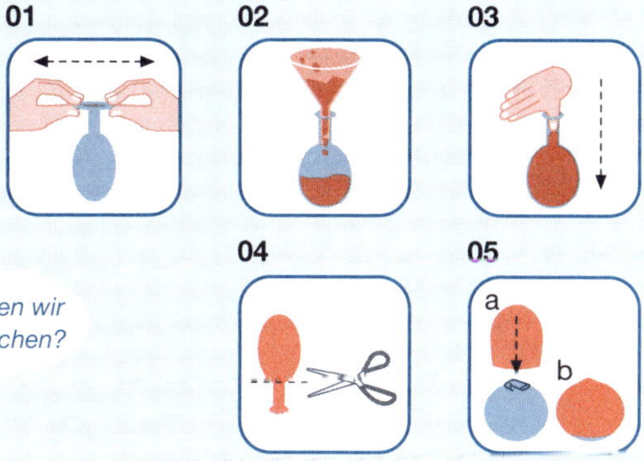

WORT

FREMDE UND WIEDERGEFUNDENE WÖRTER

SCHWIMMHILFE
[ʃwɪmhilfə]

Behördendeutsch für alle möglichen Dinge, die dem Kind beim Schwimmenlernen helfen sollen. Da gibt es Schwimmgürtel, -bretter, -scheiben, -nudeln, -ringe und sogar Halsschwimmkragen. Achtung: All diese Schwimmhilfen schützen nicht vor dem Ertrinken. Steht auch überall drauf, falls Sie es mal vergessen sollten. Für unter dreijährige Kinder reichen simple Schwimmflügel in Knallorange (übrigens im Jahre 1964 von dem Hamburger Bernhard Markwitz erfunden). Offizielle Bezeichnung: Oberarm-Schwimmhilfe.

KALTFARBEN
[kaltfa:bm̩]

Ein Wort, das man ausschließlich kurz vor dem Osterfest liest. Auf den kleinen Tütchen mit Färbetabletten für Ostereier. Und jedes Jahr fragt man sich: Was war noch mal besser: Kalt- oder Warmfarben? Muss jeder selbst entscheiden, aber mit Kaltfarben geht's auf jeden Fall schneller.

ROLF ZUKOWSKI
[rɔlftsʊkɔfski]

Hat uns den zweifelhaften Hit »In der Weihnachtsbäckerei« beschert, den jedes Kind mindestens einmal in Kindergarten und/oder Schule lernt. Er ist auf jeder saisonalen Lieder-CD zu finden, und auch Sie (ja, Sie!) werden bald mitsingen. Erst den Refrain, dann ganze Strophen. Und irgendwann summen Sie den Zukowski-Song im Büro. Aus Versehen, aber erklären Sie das mal Ihren Kollegen.

MATSCHFÜSS-LINGE
[matʃfyslɪŋə]

Für den Erfinder dieses Unwortes darf man sich ruhig eine Runde fremdschämen. Zum Glück hat man mit Matschfüßlingen nur so lange zu tun, wie das Kind krabbelt: Wenn es z. B. im nassen Sand sitzt, kann man ihm diese unförmigen Gummiteile (Mittelding aus Schuh und Strumpf) überstülpen – zusätzlich zur sonstigen Ganzkörpergummibekleidung, versteht sich. Das Kind ist somit komplett witterungsbeständig, allerdings nur noch bedingt atmungsaktiv.

HERBSTFREUDEN

Die Tage werden kürzer, es wird windiger, kälter und grauer. Und es geht wieder los mit der Anziehorgie: Mütze, Schal, Strumpfhose, Regenhose, dicke Stiefel – eine Pein für Eltern und Kind. Ansonsten aber ist der Herbst für die Kleinen eine super Jahreszeit: Kastanien, bunte Blätter und Laternenfeste – herrlich. Und die Eltern müssen sich eben auch warm anziehen, dann klappt es mit den Herbstfreuden!

Eichel- und Kastanienbad

MATERIAL sehr viele Eicheln und/oder Kastanien, Wäsche- oder Babybadewanne
ALTER ab etwa 8 Monaten
ORT DES GESCHEHENS erst im Park o. Ä., dann zu Hause
(ELTERLICHER) INPUT mittel

Kinder lieben Kastanien und Eicheln. Kleine Kinder heben immer mal wieder einzelne auf und gucken und fühlen. Mit etwa drei Jahren erwacht dann der Sammlerinstinkt, und die Kastanien werden nach Hause geschleppt. Nur was macht man damit? Kastanientiere, klar, aber das können eigentlich nur Erwachsene und große Kinder (spitzer Handbohrer + glatte Kastanien = garantierte Unfälle) – mal abgesehen davon, dass niemand die hässlichen Figuren haben will.
Besser, man verfüttert die Kastanien an Hirsche und Wildschweine (fragen Sie mal in einem Wildpark!), das ist dann doppelte Freude für die Kinder. Vorher kann man zu Hause noch ein kleines »Bällebad« mit dem Sammlergut inszenieren: Einfach alle Eicheln und/oder Kastanien in eine Wanne kippen (ja, hier kann man tütenweise gut gebrauchen!) und das Kind mit nackten Füßen reinstellen. Lustig – und bestimmt pädagogisch wahnsinnig wertvoll.

Abb. Laterne, Laterne

01a Material bereitstellen
01b Material gewinnen
02a Papier mit Fingern anmalen
02b Papier mit Korken bestempeln
03 Schachteldeckel demontieren
04 Kerze festkleben
05 Bild zusammenkleben
06a Papier an Deckelring und Schachtelboden kleben
06b Laternendraht anbringen

01a

02a

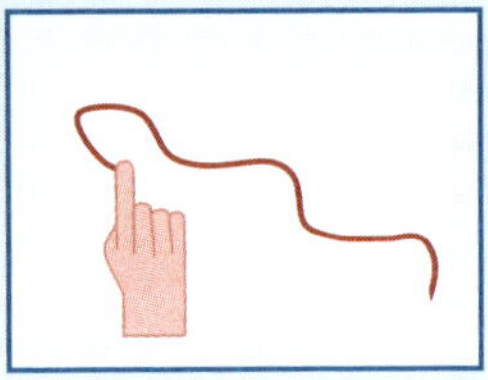

02b

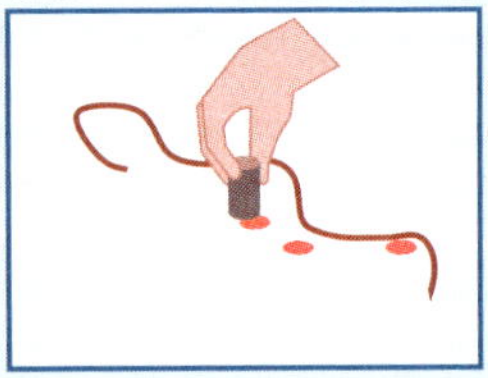

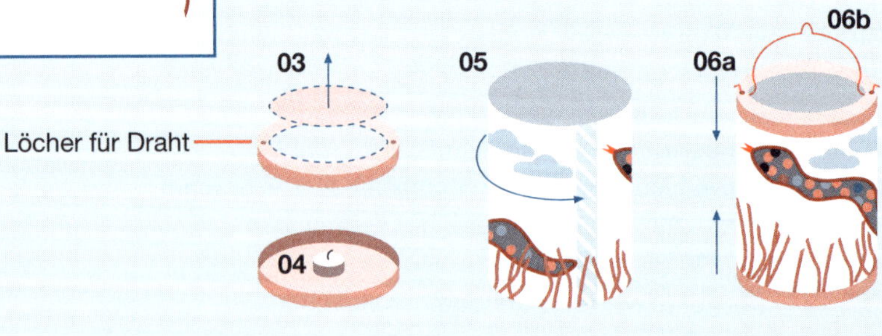

Wem das Gefummel mit der Camembert-Schachtel zu nervig ist: Zur Herbstzeit gibt es in Papier- und Kreativläden auch ganz einfache (und preiswerte) Bastelsets zu kaufen, bestehend aus Boden, Deckel, Tragebügel, Kerzenhalter und Kerze.

Laterne basteln

MATERIAL Käseschachtel, Fingerfarbe, Transparentpapier (möglichst fest), evtl. Korken, Kleber, Draht, Teelicht
ALTER ab etwa 2 Jahren
ORT DES GESCHEHENS zu Hause
(ELTERLICHER) INPUT mittel

Erst müssen Sie einen Camembert aufessen und die Schachtel beiseitelegen. Dann wird das Transparentpapier zugeschnitten: Breite etwa 20–25 cm, Länge je nach Größe der Käseschachtel.
Das Kind darf das Transparentpapier mit Fingerfarbe bemalen oder mit dem Korken runde Farbkreise draufstempeln. Darauf achten, dass genügend farbfreie Zwischenräume bleiben, sonst leuchtet es nicht so schön.
Das getrocknete Transparentpapier kleben Sie dann an den Seiten zusammen, so dass es in die untere Käseschachtel passt. Vorher noch das Teelicht auf den Schachtelboden kleben. Vom Deckel der Schachtel den Boden (lässt sich meist leicht rausdrücken) entfernen und dann das Transparentpapier in Boden und Deckel kleben. Den Draht wie einen Bügel befestigen – fertig. Den Laternenstock können Sie kaufen oder aus einem Ast plus Draht selbst machen. Und wenn Sie das offene Feuer fürchten: Es gibt auch Laternenstöcke komplett mit Batterielicht zu kaufen. Eine gute Lösung für wilde Kinder und lange Laternenspaziergänge – aber trotzdem sollten Sie auch mal eine echte Flamme riskieren, das ist einfach noch viel aufregender!

TOP TIPP

Gerade kleinere Kinder lieben Laterne gehen, wäre doch schade, wenn man es auf den alljährlichen St.-Martins-Umzug beschränkt. Es könnte ein Herbstritual werden, vor dem Ins-Bett-gehen eine Runde mit der Laterne zu drehen. Und bei schlechtem Wetter (oder wenn die Kinder noch schlecht zu Fuß sind) geht man einfach einmal durch die dunkle Wohnung!

Windlichter

MATERIAL kleines Glas, buntes Transparentpapier, Tapetenkleister, Teelicht
ALTER ab etwa 2 ½ Jahren
ORT DES GESCHEHENS zu Hause
(ELTERLICHER) INPUT mittel
Sie müssen zunächst den Tapetenkleister nach Vorschrift

anrühren – runtergerechnet auf eine überschaubare Menge (etwa ein Teelöffel auf eine Tasse Wasser). Das Kind darf derweil das Transparentpapier in kleine Schnipsel reißen. Wenn der Kleister gebrauchsfertig ist, werden die Schnipsel in den Kleister getaucht und dann auf das Glas geklebt. Kleinere Kinder finden das wahrscheinlich etwa drei Minuten sensationell und dann ganz schnell ganz langweilig. Eventuell an einem anderen Tag vollenden; der Kleister hält sich in einem fest verschließbaren Glas monatelang. Variante für größere Kinder: Besonders schön sehen die Windlichter aus, wenn man das Glas mit Transparentmalfarbe bemalt. Diese ist allerdings nicht lösemittelfrei und insofern nicht so unbedenklich für Kinder wie etwa Fingerfarbe. Kinder sollten also schon einigermaßen mit Farben und Pinseln umgehen können, bevor solche Farben zum Einsatz kommen.

Herbst-Kleisterbild

MATERIAL (alter) Bilderrahmen (ca. 20 x 30 cm), Sand, Tapetenkleister, Blätter, Eicheln, Bucheckern, Moos, kleine Stöckchen
ALTER ab etwa 2 Jahren
ORT DES GESCHEHENS zu Hause
(ELTERLICHER) INPUT mittel

Den Tapetenkleister anrühren (s. o.), aber diesmal mehr Pulver nehmen. Den Sand reinrühren, bis die Masse richtig schön zäh ist. Von dem Bilderrahmen das Glas entfernen und die Rückwand wieder fixieren. Die Kleistermasse auf die Bildfläche streichen (größere Kinder dürfen das selbst machen). Jetzt kann das Kind seine gesammelten Herbsteindrücke in den Kleistermatsch drücken – ein herrlicher Spaß! Nach ca. einer Woche Trockenzeit ist alles fest – und das Herbstbild kann aufgehängt (oder verschenkt) werden.

Was genau ist eigentlich … MONTESSORI-PÄDAGOGIK?

»Machen Sie hier auch Montessori?«, ist eine durchaus übliche Frage bei Krippen-Informationsabenden. Montessori ist irgendwie gut, aber was genau das eigentlich ist, wissen die meisten nicht so recht. Die italienische Ärztin Maria Montessori (1870–1952) setzte sich – für damalige Zeiten sehr ungewöhnlich – für die Rechte der Kinder ein. Ihrer Meinung nach haben Kinder eine naturgegebene Freude am Lernen, und jedes Kind lernt nach seinem eigenen Rhythmus. Demzufolge soll man keine Vorgaben machen, sondern nur Angebote. Alle Lehrmaterialien sollen die Sinne ansprechen – es gibt Geräusche- und Geruchsdosen, geometrische Körper und Farbtäfelchen, Kästen mit verschiedenen Stoffen zum Fühlen etc. Die Umgebung soll zwar auf die Kinder ausgerichtet (Möbel in kindgerechter Größe, alle Angebote leicht zu erreichen), aber nicht »kindersicher« sein. Im Gegenteil, schon die Kleinen sollen lernen, mit Dingen vorsichtig umzugehen und den Wert zu achten.

Ziel ist immer, dass die Kinder selbstständig werden und eigene Wege finden. Ein Motto der Montessori-Methode lautet: »Hilf mir, es selbst zu tun.« Es gibt ausgewiesene Montessori-Kindergärten und -Schulen (auf Noten wird weitgehend verzichtet, es gibt keinen Frontalunterricht, sondern freies Lernen). Teile des Montessori-Materials werden übrigens oft auch in den staatlichen Einrichtungen verwendet.

04 Feste feiern

WINTER- UND WEIHNACHTSZEIT

Lange vor dem Winteranfang beginnt die Weihnachtszeit – und damit auch für Sie ein paar beschäftigungsintensive Wochen: Adventskalender müssen eventuell gebastelt, auf jeden Fall aber gefüllt werden, ebenso Nikolausstiefel. Der Kindergarten lädt zur Weihnachtsfeier, die Großeltern erwarten was Selbstgebasteltes, und Kekse müssen auch noch gebacken werden. Wenn dann auch noch der erste Schnee fällt, wird's richtig stressig …

Schneemannbild

MATERIAL blaues Tonpapier, weißes Seidenpapier oder Watte, kleines Stück schwarzes Papier, Kleber, Stift
ALTER ab etwa 2 Jahren
ORT DES GESCHEHENS zu Hause
(ELTERLICHER) INPUT mittel

Mit einem schwarzen Filzstift zeichnen Sie die Umrisse eines Schneemanns auf das Papier. Ihr Kind darf derweil Seidenpapier in Stücke reißen und zu kleinen Kugeln formen. Wenn der Kugelvorrat groß genug ist, bestreichen Sie den Schneemannbauch und -kopf mit Kleber und lassen das Kind die Seidenpapierkügelchen draufdrücken. Achtung: Die schwarzen Kugeln für Augen und Knöpfe nicht vergessen. Mit etwas Hilfe (sonst ist die Geduld rasch erschöpft!) entsteht so relativ bald ein hübsches Bild. Größere Kinder dürfen den Zylinder selbst malen, für die kleineren erledigen Sie das.
Anstelle der Papierkugeln kann man auch Watte aufkleben. Geht schneller …

TOP TIPP

Mit dieser Kugel-Technik lassen sich auch jede Menge andere Bilder basteln: Eine Sonne z. B. mit gelbem Papier, ein Vogel mit verschiedenfarbigen Kugeln etc.

Kinder-Kekse

MATERIAL 500 g Mehl, 240 g Zucker, 220 g Margarine, 2 Eier, 1 Päckchen Vanillezucker, 1 TL Backpulver und viele schöne Plätzchenformen, Schürze
ALTER ab etwa 1 ½ Jahren
ORT DES GESCHEHENS am Küchentisch
(ELTERLICHER) INPUT sehr hoch

Zucker, Margarine und Eier verquirlen, Mehl und Backpulver dazu, verkneten und ca. 30 Minuten im Kühlschrank ruhen lassen.
Dann ausrollen und los geht's. Frühestens mit zwei Jahren können Kinder (mit Hilfe) mit ausstechen – und auch dann reicht die Geduld meist nur für vier bis sechs Kekse. Geben Sie Ihnen also einfach ein eigenes Stück Teig und lassen Sie sie ausrollen und rumstechen, während Sie die Knochenarbeit erledigen. Das Ergebnis wird auf jeden Fall für Begeisterung sorgen!

TOP TIPP
Ausstechförmchen gibt es in gut sortierten Küchenläden zu fast allen Themenbereichen: Kronen, Autos, Schraubenzieher, Loks, Kleider etc. Über ein Förmchen passend z. B. zum Lieblingsbuch freuen sich Kinder bestimmt – im Nikolausstiefel vielleicht oder im Adventskalender. Und am Nachmittag wird dann gleich gebacken!

Weihnachtliche Servietten

MATERIAL helle einfarbige Stoffservietten (am besten von IKEA), Kartoffeln, Stofffarbe, Pinsel, Wachstuch, Malkittel, Messer, Ausstechformen
ALTER ab etwa 2 Jahren
ORT DES GESCHEHENS am Tisch
(ELTERLICHER) INPUT hoch

Mit etwas Hilfe kriegen auch schon Zweijährige dieses Kartoffeldruck-Kunstwerk hin: Halbieren Sie die Kartoffeln und drücken Sie die Ausstechform in die Schnittfläche (Stern, Herz, Tannenbaum u. Ä.). Die Formen werden »freigelegt«, indem man mit einen scharfen, spitzen Messer das Kartoffel-»fleisch« rundum wegschneidet.
Jetzt darf das Kind den Kartoffelstempel mit Stofffarbe bestreichen und auf die Serviette drücken. Wenn die Serviette

schön bunt bedruckt ist, muss die Farbe meist noch durch Bügeln fixiert werden (siehe Anleitung des Farbenherstellers). Wer's nicht so kunterbunt mag, lässt immer nur ein Motiv z. B. an einer Ecke drucken.

Auf die gleiche Weise kann man auch Tischsets und Geschirrhandtücher bedrucken – übrigens auch ein schönes selbst gemachtes (!) Geschenk für Oma & Co.!

Und wenn Ihnen die Stofffarbe eher suspekt ist (stinkt, geht nicht aus den Klamotten raus und schlecht von den Händen ab), dann lassen Sie Ihr Kind doch einfach Papierservietten mit Fingerfarbe bedrucken – die machen sich bei jedem Adventskaffee gut!

TOP TIPP

Singen Sie Weihnachtslieder wie verrückt! Das lieben die Kinder, und bald werden Sie mitsingen. Vielleicht dürfen Sie sich in der Adventszeit jeden Abend ein Weihnachts-Gute-Nacht-Lied wünschen?

Adventskranz de Luxe

MATERIAL Holzlatte (ca. 1,5 m lang und 8 cm breit), ca. 20 Teelichter, 4 große rote Kerzen, Plaka- und Fingerfarbe, Pinsel, Klebepistole oder Alleskleber

ALTER ab etwa 1 ½ Jahren

ORT DES GESCHEHENS am Tisch

(ELTERLICHER) INPUT hoch

Gerade kleinen Kindern fällt es sehr schwer, das Prinzip Adventskalender von dem Prinzip Adventskranz zu unterscheiden: Sie würden gern jeden Tag eine neue Kerze anzünden, weil sie schließlich auch jeden Tag ein Türchen öffnen dürfen.

Machen Sie Ihnen die Freude und fertigen Sie eine »Adventslatte« mit vier großen Kerzen und so vielen Teelichtern wie Tage vom ersten Advent bis Heiligabend.

Die Holzlatte malen Sie mit den Kindern farbig an. Am besten, Sie grundieren mit Plakafarben, und die Kinder verzieren mit ihren Fingerfarben.

Wenn die Farbe getrocknet ist, kommt an das eine Ende eine große rote Kerze – für den ersten Advent. Es folgen sechs Teelichter, dann wieder eine rote Kerze usw. bis zum

letzten Teelicht für Heiligabend. Teelichter und Kerzen fixiert man am besten mit einer Klebepistole, zur Not tut es auch Alleskleber.
Nun kann das Kind die Zeit bis Weihnachten ganz genau verfolgen! Man kann diesen besonderen Adventskranz sogar mit einem Adventskalender verbinden, indem man in Höhe jeder Kerze ein kleines Päckchen an die Holzlatte bindet – gezählt wird dann allerdings nicht vom 1. Dezember, sondern vom 1. Adventssonntag an. Und es werden natürlich auch nicht genau 24 Päckchen, sondern mehr oder weniger – je nachdem, wann der erste 1. Advent ist.
FÜR ENGAGIERTE[2] Sie können die Holzlatte auch mit Tannenzweigen verzieren – dafür brauchen Sie aber ein blumenbinderisch geschicktes Händchen!

Abb. Pustekuchen
01 Holzlatte mit Fingerfarbe anmalen
02 große Adventskerzen ankleben
03 Teelichter zwischen Adventskerzen kleben
04 ggf. überzählige Teelichter bis 24.12. ankleben (Kalender beachten)

01

04

Feste feiern

HILFE, ICH FINDE WEIHNACHTEN BLÖD!

Weihnachten dient nur der Elektronikindustrie und den Schokoladenfabrikanten, Fasching ist albern, den Osterhasen gibt es nicht – und was soll bitte dieser Halloween-Quatsch? Diese ganzen Feste sind einfach nicht Ihr Ding. Am liebsten würden Sie Ostern ignorieren, über die Weihnachtsfeiertage in den Süden fliegen und Fasching aktiv sabotieren. Wegen eines Kindes möchten Sie sich eigentlich auch nicht in einen Party- und Bräuche-Freak verwandeln.

Die schlechte Nachricht

Sie müssen. Kinder liiiiiieeeeben kitschige Weihnachtsmänner, die bescheuert tanzen und elektrisch verzerrt »Jingle Bells« singen. Sie sind fest überzeugt davon, dass ein Hase die bunten Eier versteckt, und möchten die »Häschenschule« gern 20-mal am Tag vorgelesen bekommen. Sie bereiten sich schon Anfang Januar gedanklich auf ihr Faschingskostüm vor und möchten zu gern bei JEDEM Laternenumzug mitmarschieren.

Die gute Nachricht

Sie werden. Sie werden Weihnachtslieder singen wie eine Jukebox, zur Not auch im Hochsommer. Sie werden Stunden in der Kostümabteilung verbringen, um einen Marienkäferhut plus Umhang zu finden. Sie werden wahnwitzige Geschichten vom Nikolaus erfinden, um zu erklären, wie er durch die geschlossene Haustür kommt. Sie werden Ostereier auspusten, als gäbe es kein Morgen. Und Sie werden »Rabimmel Rabammel Rabumm« singend beim Laternenumzug mitmarschieren – egal ob er von der CDU oder von Ver.di veranstaltet wird.

Die beste Nachricht

Sie werden es lieben. Alles.

Abb. Spuren im Schnee
01 Objektspuren
02 Selbst gemachte Spuren

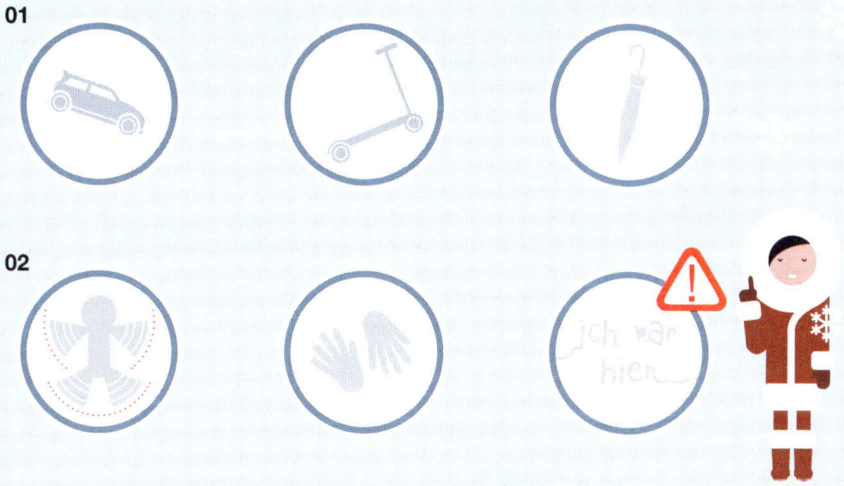

Achtung, Achtung! Eine alte Inuit-Weisheit besagt: Iss niemals gelben Schnee.

Wer rät die Spuren im Schnee?

Wenn über Nacht schön viel Schnee gefallen ist, müssen Kinder natürlich erstens sofort raus und zweitens vor Freude ganz laut schreien und drittens viele Schneeengel machen. Sie müssen erstens sofort mit raus und zweitens gleich den Schlitten aus dem Keller holen und drittens eine Million Schneebälle formen und sich damit aus nächster Nähe bewerfen lassen.
Wenn sich die Schneelage als stabil erweist, können Sie

ein paar Spiele anbieten – neben Wettrodeln und Überraschungs-Schneeduschen. Zum Beispiel können Sie Abdrücke im Schnee machen – mit Dingen, die das Kind kennt. Der Roller wird liegend in den Schnee gedrückt und die Sandschaufel, ein Stuhl, die Puppe oder ein Plastikauto. Wer rät die meisten Abdrücke? Anschließend machen die Kinder selbst Spuren im Schnee – das sorgt garantiert längerfristig für Beschäftigung.
FÜR ENGAGIERTE[2] Malen Sie ein Clownsgesicht auf ein sehr großes Stück Pappe. Der Mund wird ein Kreis von mindestens 50 cm Durchmesser. Damit wird Schneeball-Zielwerfen geübt. Kleine Kinder werfen aus einem Meter Entfernung, die größeren von weiter hinten.

Stillleben in Eis

MATERIAL Eimer, Restfundstücke aus dem Herbst (Eicheln, Kastanien, Tannen- und Kiefernzapfen, Stöckchen, Blätter, Nussschalen)
ALTER ab etwa 1 ½ Jahren
ORT DES GESCHEHENS Balkon oder Terrasse bei Minustemperaturen
(ELTERLICHER) INPUT gering

Suchen Sie mit Ihrem Kind ein paar interessante Dinge (s. o.) zusammen, die sich gut in einem Stillleben machen. Die Fundstücke kommen in einen Eimer, der mit Wasser gefüllt über Nacht draußen steht. Am nächsten Morgen kurz unter heißes Wasser halten, stürzen – et voilà: eine Eisskulptur vom Feinsten!
Man kann es auch zur Abwechslung mal mit bunten Dingen ausprobieren, ein paar Sandförmchen zum Beispiel oder Legosteinen. Interessant auch zu beobachten, wie die Stücke langsam freigelegt werden, wenn die Temperaturen steigen und das Eis schmilzt.

TIME-OUT
29 Cent für ein Fest der Ruhe

29 Cent – so viel kostet in etwa eine Rolle Toilettenpapier. Schon ganz kleine Kinder sind äußerst fasziniert von dieser schlichten weißen Angelegenheit und veranstalten – sobald sie an den Halter kommen – gern ein groß angelegtes und gefürchtetes Toilettenpapiermassaker im Badezimmer.
Jedes Kind wird zumindest eine Zeit lang begeistert sein, wenn es ausnahmsweise eine Rolle des begehrten Papiers ganz für sich allein bekommt. Die Kleinen rollen einfach ab und ab und ziehen und zerren (Achtung: Hier muss man ein bisschen aufpassen, dass nicht zu viel von dem Zeug verspeist wird). Größere Kinder basteln tolle Verbände für sich, alle Puppen und Stofftiere. Oder sie zupfen die einzelnen Lagen mit Akribie auseinander. Herrlich! Sie können derweil Ihren Kaffee genießen. (Nach dem Zellstoff-Fest müssen Sie nur einmal gründlich durchsaugen – aber das gehört nicht hierher …)
Ach ja: Man kann nur hoffen, dass das Kind nicht am nächsten Tag auf die glorreiche Idee kommt, diese lustige Aktion in Eigenregie zu wiederholen.

Spiele & Spielzeug

Weniger ist mehr – Spiele und Spielzeug

Es gibt ganze Babymärkte voll mit Spielzeug für die Kleinsten. Stofftiere in allen Größen und Farben, Rasseln in 100facher Ausführung. Stoffwürfel mit Knister-, Spiegel- und Noppenfolien, Plastikkonsolen, die bei Inbetriebnahme schauerliche Geräusche machen, und viele enorm hässliche Männchen, deren Sinn sich so gar nicht erschließt. Man möchte ja zu gern fördern und auch als Eltern gern etwas Abwechslung in den – vor allem am Anfang – sehr ereignisarmen Alltag bringen. Aber was macht Sinn? Hier ein Leitfaden in aller Kürze:

0 bis 6 Monate: Zuerst beschäftigt sich das Baby hauptsächlich mit Gucken – ein Mobile über Wickeltisch und/oder Bett ist daher das einzig sinnvolle »Spielzeug«. Später beschäftigt es sich mit seinen eigenen Händen (preiswert!), erst mit etwa fünf Monaten freut es sich über *eine* Rassel – kein komplettes Sortiment! Babys entscheiden sowieso lieber selbst, was sie greifen und/oder ansabbern wollen (Schlüssel, Kabel, Zeitungen, Armbanduhr). Sie haben dann nur die schwierige Aufgabe, Gefährliches zu entwenden und durch etwas Ungefährliches zu ersetzen. Das ist leider meistens sehr viel uninteressanter für Ihr Kind (= Geschrei!).
Bücher: Für Sie zum Üben: Ein schönes dickes Liederbuch. Hier lohnt es sich, ein bisschen im Buchladen zu stöbern, und es darf auch etwas teurer sein, denn es wird ganz lange und ganz oft gebraucht.

6 bis 12 Monate: Eigentlich können Sie sich den Weg in den Spielzeugladen immer noch sparen. Das Kind wird immer neugieriger und möchte alles untersuchen, und die Wohnung ist zum Glück voll mit interessanten Dingen: Kochtöpfe,

Plastikbecher, Schuhe, Bücherregale. Natürlich ist vieles davon verboten, aber Hightech-Glitzer-Leucht-Playcenter aus Fernost werden das Kind niemals von den wirklich spannenden Sachen ablenken … Aber Sie möchten soo gern ein bisschen was shoppen? OK, kaufen Sie: einen kleinen weichen Ball, vielleicht ein Stehaufmännchen und etwas, das Geräusche macht. Ihr Kind sollte das Geräusch selbst erzeugen können (was z. B. bei Qietsche-Entchen gar nicht so einfach ist!) und dabei keinen Lärm-Overkill bekommen.
Bücher: Ein bis zwei erste Papp- oder Stoffbücher wecken das Interesse am Betrachten von Bilderbüchern. Achten Sie auf einfache, plakative Abbildungen von Alltagsgegenständen oder Tieren.

12 bis 18 Monate: Mit etwa einem Jahr räumen Kinder gerne Sachen aus und ein. Da sich dieses Spiel ebenfalls am besten mit Haushaltsgegenständen spielen lässt, geben Sie einfach ein unteres Regalfach mit Plastikschüsseln u. Ä. frei. Ergänzend können Sie ein Steckspiel mit einfachen Formen kaufen. Etwas später (mit 15 Monaten) versuchen Kinder erstmals, Dinge zu stapeln. Jetzt sind Bauklötze und Stapelbecher ein sinnvolles Spielzeug – auch wenn Sie am Anfang erst mal allein stapeln und Ihr Kind zerstören darf. Außerdem können Sie jetzt ein (kleines!) Sortiment an Bade- und Sandspielzeug anschaffen und vielleicht ein »Nachziehtier«, wenn das Kind sicher laufen kann.
Bücher: Die meisten großen Verlage haben extra Reihen für Kleinkinder. Achtung: Die Altersangabe ist oft sehr ehrgeizig, nicht irritieren lassen. Fühlbücher sind in diesem Alter interessant (führen Sie zuerst die Hand des Kindes, damit es das Prinzip versteht) sowie Bücher mit einfachen Klappen. Die Bilder sollten aus dem Alltag stammen und ebenfalls nicht zu komplex sein. Auch sogenannte »Bild-Wörter-

bücher« sind jetzt der Hit: Mehrere Dinge sind auf einer Seite abgebildet, das Kind zeigt, und die Eltern benennen. Allmählich findet dann auch das Kind die ersten Worte! Ein Pappliederbuch mit einfachen Kinderliedern ist ebenfalls eine gute Anschaffung, denn Kinder mögen gern die Seiten blättern, während Mama oder Papa vorsingt. Sie werden sich wundern, wie schnell Ihr Kind die Lieder anhand der Illustrationen erkennt!

1 ½ bis 2 Jahre: Auch wenn Haushaltsgegenstände immer noch interessant sind und sich das Kind z. B. länger mit Abwaschen als mit Malen beschäftigen kann, gibt es inzwischen einige echte Spielsachen, die auch wirklich Sinn machen: ein einfaches Puzzle, dicke Buntstifte, Wachsmaler, große Perlen zum Auffädeln, Lego-Duplo und vielleicht ein Bobbycar. Außerdem werden jetzt Puppen und Stofftiere interessant; mit ihnen imitieren Kinder die Handlungen der Erwachsenen (an- und ausziehen, schlafen legen etc.).
Bücher: Sogenannte Wimmelbücher werden jetzt immer beliebter. Die bekanntesten Illustratoren sind Ali Mitgutsch und Rotraut Susanne Berner: Sie haben großformatige Pappbücher gestaltet, die eine Stadt oder Landschaft in verschiedenen Jahreszeiten zeigen. Für die Kinder gibt es immer etwas zu entdecken, die Eltern können Geschichten dazu erzählen oder bestimmte Bilder suchen lassen. Alle Kinder lieben außerdem Bücher mit vielen Klappen, leider gibt es für dieses Alter keine große Auswahl.

2 bis 3 Jahre: Viele Spielzeuge bleiben interessant und werden intensiver bespielt: Bauklötze und Lego zum Beispiel. Bei anderen erhöht sich nur der Schwierigkeitsgrad: Das Puzzle hat mehr Teile, in den Büchern werden richtige Geschichten erzählt, malen können die Kinder jetzt (ab 2)

nicht nur mit Stiften, sondern auch mit Fingerfarben. Für die Bewegung an der frischen Luft kann ein Laufrad (ab 2) oder Dreirad (ab 2 ½) angeschafft werden.

Jetzt entwickelt sich auch das Rollenspiel, an dem Kinder noch sehr lange riesigen Spaß haben. Zuerst ist es nur ein Symbolspiel, d. h., alle Gefäße werden zu Kochtöpfen, die Bauklötze zu Nudeln, die Legoplatten zu Tellern. Wieder eine Phase, in der mehr Spielzeug die Kreativität eher hemmt. Mit 2 ½ bis 3 Jahren aber freuen sich die Kinder natürlich über richtiges Puppenkochgeschirr und über einen Kaufladen mit Kasse und Waage. Es muss allerdings nicht das riesengroße Modell mit Markise, biolackiertem Holzobst und allem Pipapo sein, ein schlichtes Regal und Plastik-Kaufutensilien tun es auch! Nach wie vor können Kinder großartig improvisieren und auch rote Legosteine als Tomaten verkaufen. Sinnvolle Geschenke sind jetzt auch eine Murmelbahn (siehe auch Seite 28) und eine Holzeisenbahn (auf Angebote achten, sonst sind Sie schnell sehr viel Geld los!).

Mit etwa 2 ½ können Kinder vielleicht schon eine kurze Runde Memory, Bilderdomino und -lotto spielen. Mit etwa 3 Jahren mögen sie bereits allererste Brettspiele, gewürfelt wird hier zuerst mit einem Farbwürfel. Achtung: Seeeeeehr langweilig für Erwachsene, die diese Spiele natürlich mitspielen müssen!

Bücher: In dieser Zeit sind Bücher wichtige Begleiter für die Kinder. Ab etwa 2 ½ sind sie in der Lage, einfachen vorgelesenen Geschichten zu folgen, und fordern auch schon mal »Vorlesen!« ein, wenn die Eltern nur zu den Bildern erzählen wollen. Ohne Klischees bedienen zu wollen: Oft interessieren sich Jungen jetzt für Geschichten von Feuerwehr, Polizei und Baustelle – während die Mädchen eher Alltagsgeschichten vom Kindergarten und Arztbesuchen hören möchten.

05 ENTWICKLUNG DES KINDES VON 0 BIS 3

05 Entwicklung des Kindes

Jedes Kind ist anders

Dieser Satz fällt oft, denn er ist entscheidend. Natürlich können es Eltern meist nicht erwarten, dass das Kind endlich krabbelt oder gar läuft, Mama sagt und ein kleines Liedchen trällert. Jede Weiterentwicklung ist unheimlich faszinierend, und vor allem am Anfang fragt man sich ständig: »Wann kann er/sie eigentlich …?« Tatsächlich gibt es da kaum zuverlässige Antworten. Einige Kinder laufen mit neun, andere mit 18 Monaten. Einige Kinder sprechen ihr erstes Wort mit zehn, andere mit 18 Monaten. Oft können sie sich nur einer Entwicklung zur Zeit widmen: Ein Kind, das früh zu sprechen beginnt, ist damit so beschäftigt, dass es das Laufenlernen erst mal eine Weile hintanstellt. Manchmal dauert es auch sehr lange, bis eine Entwicklung »ins Rollen« kommt, aber dann holt das Kind in wenigen Monaten schnell auf. Und es gibt auch einfach Kinder, die sich mit allem mehr Zeit lassen.
Man weiß es nicht – und man kann es auch kaum beeinflussen. Jedes Kind bestimmt sein Tempo letztendlich selbst. Wenn Sie sich wegen der Entwicklung in einem Bereich Sorgen machen, sprechen Sie mit Ihrem Kinderarzt. Der wird Sie beruhigen oder aber Möglichkeiten zur individuellen Förderung vorschlagen. Die folgenden Seiten sind daher als Orientierung gedacht, nicht als Terminplan!

WACHSEN, SCHLAFEN, ESSEN

Abgesehen von »schreien« sind »wachsen – schlafen – essen« die Hauptaggregatzustände des Babys in den ersten Monaten. Wobei das Programm »wachsen« eher im Hintergrund mitläuft, während »schlafen/essen« die Eltern ziemlich auf Trab hält, vor allem in den Varianten »nicht schlafen« (jedenfalls nicht so und so lange, wie die Eltern es für gut halten), »viel essen« (in den ersten Monaten oft ein Dauerstillprogramm für die Mutter) und »nicht essen« (erst den selbst gekochten Pastinakenbrei, später dann Vollkornprodukte und Gemüse).

Vom Fliegengewicht zur dicken Made

In den ersten Wochen ist man immer wieder völlig verwundert, wie klein und leicht dieser Säugling ist – alles dran, aber alles soooo winzig! Doch dann wächst und wächst das Baby und wird zunehmend rundlich: Mit etwa drei Monaten sieht es nicht mehr aus wie ein aus dem Nest gefallener Vogel, sondern wie eine dicke, zufriedene Made. Und die Eltern stöhnen über lahme Arme und Rückenverspannungen vom Tragen!

Mit etwa fünf Monaten haben Babys ihr Geburtsgewicht verdoppelt, mit einem Jahr bereits verdreifacht. Mit der Länge verhält es sich ähnlich: In den ersten drei Monaten wachsen Kinder etwa dreieinhalb Zentimeter pro Monat; im zweiten Lebensjahr nur noch etwa einen Zentimeter. Deshalb sind zweijährige Kinder, die schon richtig rennen können, oft nur einen Kopf größer als Fast-noch-Babys, die gerade laufen gelernt haben.

Gewicht, Größe und Kopfumfang werden übrigens bei jeder Vorsorgeuntersuchung in die Perzentil-Karten im gelben Untersuchungsheft eingetragen (siehe auch S. 131). Das Somatogramm (= Diagramm für Körpermaße) hat viele Kästchen und eine komische Kurve, die fatal an den Matheunterricht erinnert und von Eltern meist nicht unbedingt durchschaut wird. Die 50 %-Perzentile zeigt den Durchschnittswert. Beispiel Wachstum: Mit zwölf Monaten ist ein Kind durchschnittlich 75 cm groß. Das bedeutet aber auch, die Hälfte aller Kinder ist größer oder kleiner. Ein Kind, das mit einem Jahr 70 cm groß ist, landet auf der 3 %-Perzentile und ist damit kleiner als 97 % der Gleichaltrigen. Was so für sich noch gar nichts aussagt – es gibt eben große und

WISSENSCHAFT

Das schöne Wort Perzentil kommt aus dem Lateinischen und heißt Hundertstelwerte. Auf Deutsch sagt man auch »Prozentstränge« zu Perzentilen. Achtung, den Rest verstehen nur Statistik-affine Eltern: Perzentile zerlegen die Verteilung in 100 gleich große Teile, also in Segmente zu 1 %.

kleine, dicke und dünne Kinder – entscheidend ist allein die Entwicklung des Wachstums.

Jedes Kind kann schlafen lernen?

Mit etwa sechs Monaten können Kinder lernen, die Nacht durchzuschlafen, was aber nicht heißt, dass sie es auch tun. Viele Eltern bewaffnen sich jetzt mit dem Klassiker »Jedes Kind kann schlafen lernen« und ziehen ein Schlafprogramm durch: Sie legen das Kind ins Bett, sagen fröhlich »Gute Nacht« und verlassen das Zimmer. Natürlich schreit das Kind, deshalb geht man nach etwa einer Minute zurück, spricht freundliche, aber bestimmte Worte und verlässt das Zimmer wieder. Erneutes infernalisches Geschrei ist die Folge, also Rückkehr ans Kinderbett nach zwei Minuten usw. Die Abstände, in denen man wieder zum Kind geht und es beruhigt, erhöhen sich allmählich – und irgendwann soll es erschöpft, aber von allein einschlafen.

Oft ist dieses Programm tatsächlich erfolgreich, und das Kind schläft fortan etwa sechs bis acht Stunden durch – was für Eltern der Besteigung des Mount Everest gleichkommt. Viele Eltern erleben dieses Glücksgefühl allerdings auch erst, wenn das Kind schon lange in den Kindergarten geht … Also erwarten Sie nicht zu viel in Sachen Schlafentwicklung!

Was das abendliche Einschlafen angeht, so profitieren Eltern und Kinder oft davon, den Tagschlaf zu reduzieren: Mit etwa einem Jahr reicht dem Kind häufig ein Mittagsschlaf, der möglichst immer zur gleichen Zeit stattfinden sollte. Mit zweieinhalb oder drei kann es allmählich auf den Mittagsschlaf verzichten. Probieren Sie einfach aus, was für den Tagesablauf des Kindes und Ihren eigenen Tag vorteilhaft ist. Bis sich die Schlaf- und Ins-Bett-geh-Zeiten mit und ohne Tagschlaf jeweils eingependelt haben, dauert es – also nicht verzweifeln!

WISSENSCHAFT

Durchschlafen bedeutet (leider) nicht, dass ein Kind von abends um acht bis morgens um sieben selig in seinem Bett schlummert. Es bedeutet nur, dass es zwischen zwei Nachtschlafphasen (3–4 Stunden) nicht aufwacht und vor allem nicht schreit.

Abb. Schlafen beibringen

01 hohen Sättigungsgrad erreichen
02 Musik machen
03 Wiegen (Standard)
04 Wiegen (Alarmstufe Rot)
05 Beruhigende Geräusche machen
06 Wiegen-und-Geräusche-Kombi

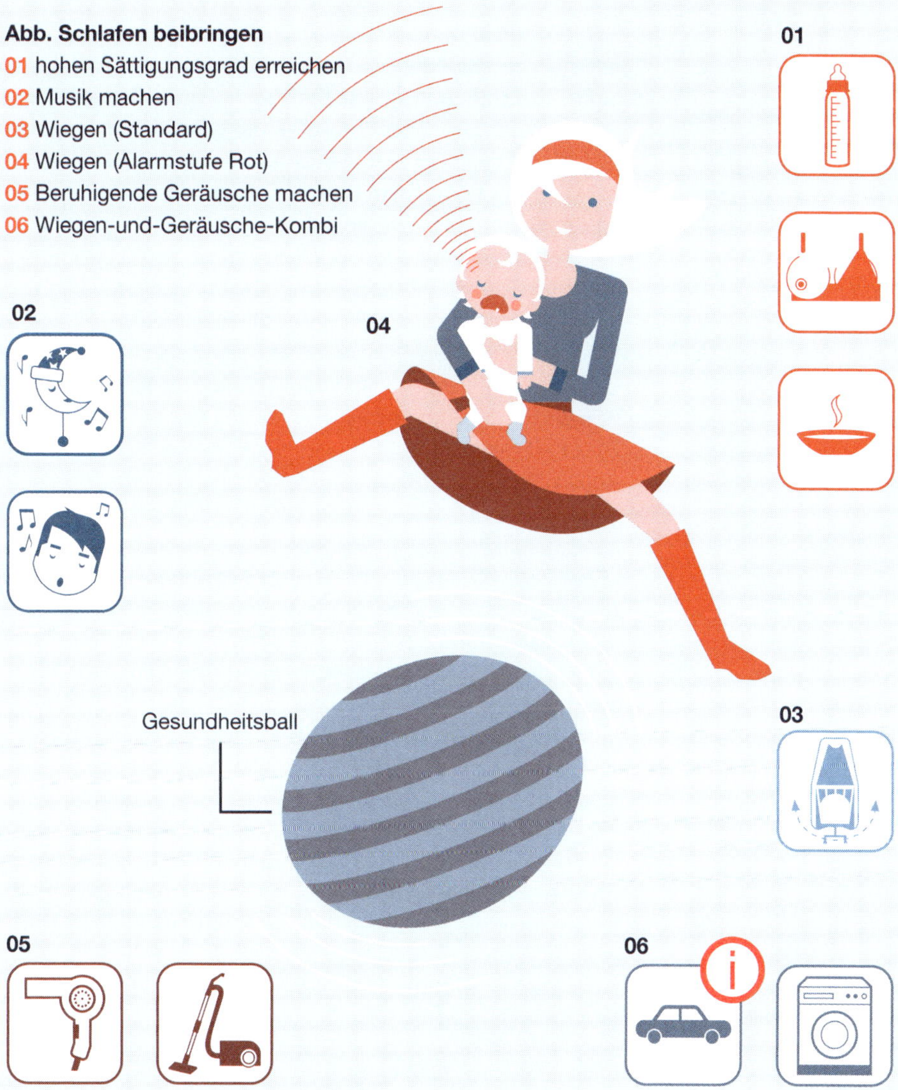

Viele Babys schlafen gern im Auto oder beim Schleudergang-Sound der Waschmaschine ein. Das sollte jedoch nur in Ausnahmefällen dazu führen, dass man stundenlang ziellos durch die Stadt fährt oder die Waschmaschine mit nur drei T-Shirts laufen lässt.

Lecker Karottenbrei?

Mit etwa fünf Monaten etwa kann man die ersten Breiexperimente starten, was in vielen Küchen mit einer orangefarbenen Schlacht endet: Karottenbrei an den Wänden, auf den Elternklamotten und überall auf dem Baby – leider nur in Mikromengen auch im Baby. Es dauert, bis sich das Kind an den Geschmack und vor allem an den Löffel gewöhnt hat. Weiche Gummilöffel erleichtern das erste Füttern; trotzdem zieht es sich oft monatelang hin, bis man den Umstieg von Milch- auf Breinahrung geschafft hat.
Mit etwa einem Jahr können Kinder allmählich auch das »Erwachsenenessen« bekommen – natürlich nicht gleich Gyros mit Tzatziki, sondern erst mal die milden, weichen Bestandteile wie Kartoffeln, Nudeln, Erbsen, Zucchini.
Sobald das Kind Brei bekommt, möchte es natürlich gern selbst den Löffel greifen. Bevor es aber wirklich selbst essen kann, vergeht wiederum viel Zeit. Manche Kinder können mit etwa eineinhalb Jahren ihre Mahlzeiten komplett allein essen – was natürlich voraussetzt, dass sie auch essen wollen. Schlechte Esser müssen oft noch sehr lange gefüttert werden. Mit etwa zweieinhalb können Sie Ihrem Kind ruhig schon zumuten, mit Messer und Gabel zu hantieren. In diesem Alter finden Kinder das spannend und sind wesentlich lernbereiter als später, wenn sie das Messer zwar leicht halten können, aber gerade deshalb keinen Ehrgeiz mehr haben und lieber ein bisschen rumsauen.

Ähnlich verhält es sich übrigens mit dem berühmten Töpfchentraining: Die meisten Kinder kommen mit etwa drei Jahren ohne Windel aus, können aber schon viel eher lernen, ein Töpfchen zu benutzen. Mit eineinhalb finden sie es vermutlich ganz interessant, darauf zu sitzen, und freuen sich über ein (eher zufälliges) Erfolgserlebnis. Einfach mal ausprobieren – aber nichts erzwingen!

Abb. Erscheinen der Zähne

- erster Schneidezahn
- zweiter Schneidezahn
- erster Mahlzahn
- Eckzahn
- zweiter Mahlzahn

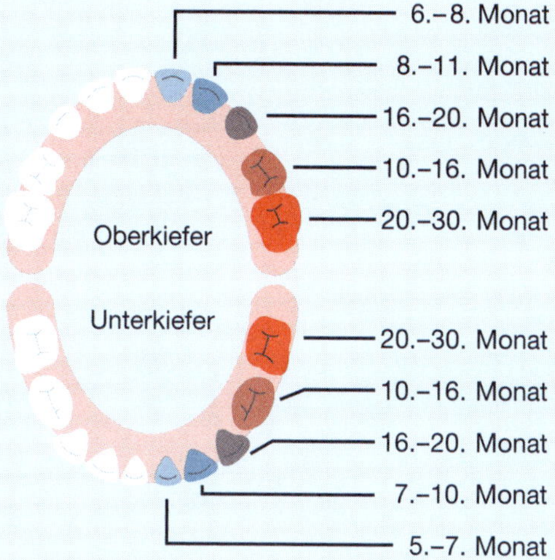

Wenn Kinder beim »Zahnen« leiden, helfen vielleicht gekühlte Beißringe, eine Salbe, die das Zahnfleisch betäubt (»Dentinox«, in der Drogerie erhältlich) oder »Osanit« (= homöopathische Globuli).

Abb. Lecker Karottenbrei

Für die ersten Breifütterungen sollten auch die Eltern ein Ganzkörperlätzchen tragen – und stellen Sie den Hochstuhl nicht zu nahe an die Tapete! Ach ja: Die Tischdecke (falls vorhanden) sollten Sie auch vorübergehend einmotten.

05 Entwicklung des Kindes

HILFE, MEIN KIND IST NICHT WEIT FÜR SEIN ALTER!

Hier ein typischer Dialog zweier Mütter, die Kinder im Alter von etwa eineinhalb haben:

Emil-Mutter: Seit Emil laufen kann, bin ich im Stress!

Annalena-Mutter: Sei froh, dass er es jetzt erst gelernt hat. Meine Annalena hat ja schon mit neun Monaten angefangen, und jetzt wünscht sie sich ein Laufrad!

Emil-Mutter: Mit neun Monaten laufen! Das ist aber früh!

Annalena-Mutter: Ja, alle sagen, sie ist echt weit für ihr Alter. Sie fängt ja jetzt auch schon an, Lieder zu singen und zu zählen – (gekünsteltes Kichern) *ich weiß nicht, von wem sie das hat!*

Bei solchen Gesprächen kann man leicht in Panik verfallen: Ist das eigene Kind zurückgeblieben? Hat man es womöglich nicht genug gefördert? Bleiben Sie locker!

Die guten Nachrichten

Erstens: Alle Eltern übertreiben. Ziehen Sie in Gedanken immer 50 % der Heldentaten ab, dann ist das Ergebnis wahrscheinlich immer noch sehr geschönt. (»kann schon zählen« = hat einmal aus Versehen »1, 3, 7« gesagt / »kann schon laufen« = wird von den Eltern beidhändig durch die Wohnung geschoben / »kann schon Lieder singen« = rekonstruiert bruchstückhaft einzelne Zeilen von »Hoppe Reiter«) Zweitens: Jedes Kind ist anders. Drittens: Spätestens bei der Einschulung interessiert es niemanden mehr, ob Annalena mit neun, mit zwölf oder mit 20 Monaten laufen konnte.

Die schlechte Nachricht

Bei der Einschulung gibt es andere, aber ähnliche Dialoge: »Emil freut sich schon so auf die Schule!« »Annalena auch. Ich hoffe nur, sie langweilt sich nicht; sie konnte ja schon mit fünf lesen und schreibt jetzt schon kleine Geschichten!« Und so geht das immer weiter.

SEHEN, HÖREN, FÜHLEN

In der Entwicklungspsychologie gibt es den Begriff »physiologische Frühgeburt«: Der menschliche Körper ist durch den aufrechten Gang (engeres Becken!) nicht in der Lage, das Kind länger als neun Monate auszutragen. Deshalb werden Menschenbabys viel früher geboren, als es ihr Reifezustand eigentlich zulässt. Sie sind völlig hilflos, müssen alles erst lernen und sind extrem abhängig von der Mutter. Erst etwa mit einem Jahr ist ein Kind so weit entwickelt wie andere höhere Säugetiere schon bei ihrer Geburt. Trotzdem gibt es einige Dinge, die das Kind schon direkt und kurz nach der Geburt beherrscht.

Geruchssinn

Die Nervenbahnen für das Riechen sind schon in der 28. Schwangerschaftswoche vollständig entwickelt! Man vermutet sogar, dass der Fötus am Ende der Schwangerschaft Gerüche von außerhalb des Mutterleibs wahrnehmen kann. Als sicher gilt, dass er das Fruchtwasser riechen kann und schon vier Tage nach der Geburt seine Mutter am Geruch erkennt. Deshalb wird oft geraten, dass Mütter am Anfang kein Parfum oder stark parfümierte Cremes benutzen sollen, um den Säugling nicht zu verwirren.
Natürlich wird der Geruchssinn durch neue Eindrücke immer weiter verfeinert, aber auch bei Kleinkindern merkt man, wie gut sie riechen können: Schlechte Gerüche quittieren sie mit Naserümpfen oder später mit dem Kommentar »Stinkt!« – und sie merken sofort, wenn das Lieblingskuscheltier in der Waschmaschine war oder gar durch ein neues ausgetauscht wurde!

Geschmackssinn

Babys haben mehr Geschmacksknospen auf der Zunge als Erwachsene; auch dieser Sinn ist bereits bei der Geburt

WISSENSCHAFT

Der Schweizer Biologe Adolf Portmann prägte in den 40er-Jahren den Begriff »physiologische Frühgeburt« und bezeichnete Menschenbabys deshalb als »sekundäre Nesthocker«: Einerseits seien z. B. die offenen Sinnesorgane und das Bewegungssystem schon voll ausgereift – so wie beim »Nestflüchter« in der Tierwelt (= Hasen, Pferde) – andererseits seien sie hilflos wie ein »Nesthocker (= Kaninchen, Mäuse). 1970 führte der Biologe Bernhard Hassenstein den Begriff »Tragling« ein. Traglinge sind alle Säugetierkinder, die nach der Geburt zunächst herumgetragen werden müssen – wie Menschen- und auch Affenbabys.

glänzend entwickelt. Natürlich mögen sie Süßes am liebsten, Saures oder Bitteres hingegen gar nicht. Wahrscheinlich eine Einrichtung zur Überlebenshilfe: Was in der Natur süß schmeckt, ist selten giftig – und auch die Muttermilch hat einen süßlichen Geschmack.

Hörsinn

Dieser Sinn ist nicht gleich vollständig entwickelt, aber es geht rasant: Bereits kurz nach der Geburt können Säuglinge die Stimme der Mutter erkennen, und sie reagieren schreckhaft auf laute Geräusche. Schon Ende des ersten Monats ist das Gehör dann vollständig entwickelt. Mit etwa fünf Monaten sind Babys in der Lage, Geräuschquellen in einiger Entfernung zu lokalisieren und ihren Namen zu erhören. Richtig deuten oder gar verstehen hingegen können sie das Gehörte natürlich erst nach und nach (siehe »Wahrnehmung« S. 128 und »Verstehen« S. 136).

Sehsinn

Mit dem Sehen geht es etwas langsamer. Zwar ist auch der Sehnerv schon bei der Geburt vollständig angelegt, aber die Nervenbahnen, die Augen und Gehirn verbinden, müssen erst allmählich reifen. Kurz nach der Geburt können Babys entfernte Dinge daher nur verschwommen wahrnehmen. In der Nahsicht (20–30 cm) können sie aber durchaus schon fokussieren. Auch das ist eine perfekte Einrichtung der Natur: Der Säugling würde sich nur ängstigen, wenn er unbekannte Gegenstände in der Entfernung richtig sehen könnte. Beruhigende Objekte in der Nähe dagegen erkennt er ganz deutlich, seine Nahrungsquelle etwa und die Gesichter von Mama und Papa.
Schon mit zwei Monaten können Babys Farbunterschiede erkennen, zunächst vor allem Kontraste wie schwarz und weiß. Sie bevorzugen ein klares Blau, Rot oder Violett – Gelb und Grün mögen sie nicht so! Mit sechs Monaten ist

das Farbsehen vollständig entwickelt. Mit etwa vier Monaten kann das Baby dann auch Dinge erkennen, die weiter entfernt sind, zum Beispiel ein Mobile über dem Wickeltisch. Jetzt beginnt es auch nach Spielzeugen zu greifen, und Achtung! – es zerrt gern an langen Haaren, Ketten und baumelnden Ohrringen!

Mit etwa einem halben Jahr entwickelt sich das dreidimensionale Sehen. Jetzt zeigt das Kind auch Interesse an kleineren Gegenständen und folgt Dingen mit dem Blick, z. B. wenn ihm ein Spielzeug herunterfällt.

Mit acht Monaten entwickelt sich die sogenannte Objektpermanenz. Bisher dachte das Kind nämlich, dass ein Gegenstand oder auch eine Person nicht mehr existiert, sobald sie aus dem Blickfeld entschwinden. Mit etwa neun Monaten entwickelt sich das Kurzzeitgedächtnis: Das Kind kann sich an Dinge erinnern. Es behält den Ball im Gedächtnis, auch wenn er unter das Sofa gerollt ist, und sucht danach bzw. schreit, damit jemand den Ball wieder beschafft. Jetzt wird es auch begeistert »Guguck – da!« spielen – ein Spiel, das vorher nur Ratlosigkeit oder gar Entsetzen hervorgerufen hat. Nun könnte man schlussfolgern, dass das Kind ab sofort auch nicht mehr brüllt, wenn Mama den Raum verlässt, weil es ja nun weiß, dass Mama sich nicht direkt hinter dem Türrahmen dematerialisiert. Dummerweise beginnt zeitgleich die Fremdelphase (siehe S. 128), die das Kind dazu veranlasst, auf jeden Fall zu schreien, sobald die Bezugsperson sich weiter als zwei Zentimeter wegbewegt …

In den ersten Monaten entwickelt sich das kindliche Sehen also ziemlich rasant; in den nächsten Jahren wird dieser Sinn aber immer weiter geübt und daher auch weiter entwickelt (siehe unten).

WISSENSCHAFT

Wie gut das Kurzzeitgedächtnis von Kleinkindern funktioniert, merkt man spätestens beim Memoryspielen. Forscher haben herausgefunden, dass schon 14 Monate alte Kinder ihr Kurzzeitgedächtnis strukturieren, um sich Dinge zu merken. Das Langzeitgedächtnis entwickelt sich so richtig erst im zweiten Lebensjahr. Trotzdem hat man meist (leider) keine Erinnerung an die ersten drei bis vier Lebensjahre.

WISSENSCHAFT

Mit zwei Jahren haben Kinder genauso viele Synapsen wie ein Erwachsener und mit drei Jahren hat ein Kind sogar doppelt so viel. Diese 200 Billionen Synapsen bleiben dem Kind bis zum Alter von etwa zehn Jahren erhalten und werden dann allmählich wieder abgebaut – bis es wieder etwa 100 Billionen sind. Das ist die Synapsenmenge, mit der ein Erwachsener durchs Leben geht.

Wahrnehmung

Selbst wenn alle einzelnen Sinne vollständig entwickelt sind, bedeutet das natürlich nicht, dass das Kind schon genauso »funktioniert« wie ein Erwachsener. Dafür muss sich erst die Wahrnehmung entwickeln, das Gehirn muss also in der Lage sein, die mit den Sinnesorganen aufgenommenen Informationen auch zu verarbeiten. Dazu wiederum muss erst ein neuronales Netz aufgebaut werden, Nervenzellen müssen miteinander verknüpft werden. Ein Neugeborenes hat zwar doppelt so viele Nervenzellen wie ein Erwachsener, aber viel weniger Verknüpfungen (Synapsen).

Selbst wenn Kinder also eigentlich alles sehen können, nehmen sie es nicht genauso wahr wie ein Erwachsener. Deshalb ist auch der Straßenverkehr noch viel länger eine Gefahr, als man denkt: Dreijährige können ein fahrendes Auto nicht von einem stehenden unterscheiden. Sie merken auch nicht, ob ein Auto gerade bremst. Selbst mit sechs Jahren sind Kinder nicht in der Lage, Geschwindigkeiten einzuschätzen, ebenso wenig wie Entfernungen. Ihr Gesichtsfeld ist noch um etwa ein Drittel eingeschränkt.

Außerdem können kleine Kinder Realität und Fiktion noch längst nicht unterscheiden: Fernsehbilder zum Beispiel sind für sie die Wirklichkeit. Noch sehr lange suchen sie hinter dem Fernsehgerät nach Pippi Langstrumpf & Co.

Genauso ist es mit dem Hören: Selbst wenn ihr Gehör mit einem Monat fertig entwickelt ist, können Babys natürlich nur wenige Geräusche unterscheiden und einordnen. Vieles wirkt bedrohlich, nur weil es laut ist. Und selbstverständlich kann ein sechs Monate altes Kind das Wort »Computer« zwar sehr gut hören, dessen Bedeutung aber nicht verstehen – dazu fehlen ihm noch eine Menge Synapsen!

Gefühle und Beziehungsverhalten

Nach der Geburt hat das Baby eine angeborene Beziehung zur Mutter, alle anderen Beziehungen muss es erst entwi-

ckeln. Je häufiger der Vater anwesend ist, desto eher wird er vom Säugling als zweite Bezugsperson erkannt. Auch Geschwister wird es bald als vertraut empfinden.
Mit drei Monaten reagiert es auf die Bezugspersonen mit einem Lächeln, manchmal auch mit einigen Lauten – Fremde hingegen werden immer weniger angelächelt. Mit etwa sechs Monaten kann es seine Gefühle recht deutlich äußern: Es lacht und strampelt begeistert, wenn es fröhlich

Abb. Inner Circle
01 erste Bezugsperson
02 zweite Bezugsperson
03 weitere Bezugspersonen

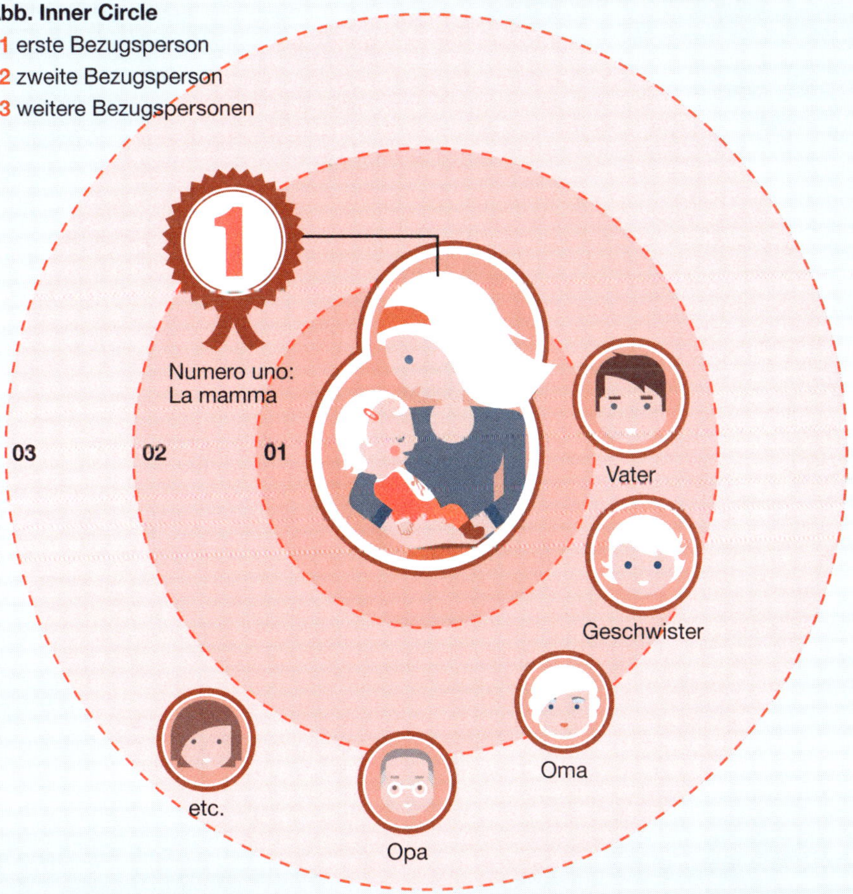

WISSENSCHAFT

Die genauen Gründe für diese Achtmonatsangst sind nicht geklärt. Denn eigentlich können Kinder ja schon viel früher bekannte und unbekannte Gesichter unterscheiden. Eine mögliche Erklärung: Mit acht Monaten können sich Kinder allmählich rein motorisch von den Eltern entfernen. Damit sie sich nicht zu weit weg und womöglich in Gefahr begeben, sorgt eine Art Instinkt für die emotionale Fixierung auf die Bezugsperson.

ist, es schreit und wirft sich nach hinten, wenn es müde-hungrig-genervt ist, und es klammert sich fest, wenn es ängstlich ist.

Mit etwa acht Monaten »fremdeln« viele Kinder (auch »Achtmonatsangst« genannt), d. h., sie möchten am liebsten direkt an Mama oder Papa festgetackert bleiben. Der freundliche Bäcker wird nicht mehr angeguckt, nette Freunde der Eltern ignoriert, Omas Schoß ebenfalls verweigert – was diese manchmal besonders hart trifft. Diese sehr anstrengende Phase ist bei jedem Kind unterschiedlich ausgeprägt: Manche fremdeln kaum, andere werden geradezu hysterisch, sobald sich eine Nicht-Bezugsperson auf wenige Meter nähert. Manche Kinder fremdeln nur kurz, bei anderen dauert die Achtmonatsangst bis zum Alter von fast drei Jahren. Da hilft es auch nicht, wenn man das Kind zu Oma auf den Schoß zwingt – im Gegenteil!

Mit etwa 14 Monaten entwickelt sich in Ihrem Kind etwas, das von nun an zeitlebens für Diskussionen sorgen wird: der eigene Wille. Zuerst versucht es, »verbotene Dinge« trotzdem durchzusetzen – etwa Steckdosen anzufassen, obwohl die Eltern »Nein« gesagt haben. Wird das Kind von dem Objekt der Begierde weggetragen, gibt es womöglich schon den ersten Wutanfall, mindestens aber Geschrei. Später erweitern sich die Machtkämpfe auf Essen, Schlafen, Wickeln, An- und Ausziehen etc. Auch wenn etwas nicht nach Wunsch verläuft (Turm kippt um, alleine anziehen klappt nicht, Mama hat den falschen Becher genommen), wirft sich ein eineinhalbjähriges Kind gerne mal schreiend auf den Boden. Das eigentliche Trotzalter beginnt angeblich mit etwa zwei Jahren – generell ist das aber vor allem eine Temperamentfrage. Zwar haben viele Kinder zwischen eineinhalb und zweieinhalb Jahren die höchste Schlagzahl an Wutanfällen, aber auch Sechsjährige können noch exzellente Schreiereien hinlegen, selbst wenn sie theoretisch schon längst Ihre Argumente verstehen.

Spannend ist es zu beobachten, wie Kinder ihr eigenes Ich entdecken. Das merkt man vor allem an ihrem Verhalten vor einem Spiegel. Bis sie etwa ein Jahr alt sind, finden Kinder den Spiegel lustig, weil man darin Gesichter sieht, die womöglich Grimassen schneiden. Dann aber werden sie allmählich misstrauisch und versuchen, den Spiegel von der Wand zu ziehen, dahinter zu gucken oder nach ihrem Spiegelbild zu greifen. Frühestens mit 18 Monaten erkennen Kinder sich selbst im Spiegel. Sie antworten mit ihrem Namen, wenn man sie fragt, wer das ist. Wenn sie sehen, dass das Spiegelbild einen schokoladenverschmierten Mund hat, wissen sie, dass es ihr eigener ist, und versuchen, ihn abzuwischen.

Abb. Rouge-Test
Vorhandenes Ich-Bewusstsein

01

Abb. Rouge-Test
(Noch) kein vorhandenes Ich-Bewusstsein

02

Beim Rouge- oder Spiegeltest wird dem Kind ein roter Fleck auf die Stirn gemalt. Wenn es sich beim Betrachten im Spiegel dann an die eigene Stirn greift, ist das der Beweis für ein bereits vorhandenes Ich-Bewusstsein. Auch Schimpansen bestehen diesen Test übrigens.

Gleichzeitig nimmt das Kind jetzt auch andere Menschen anders wahr und erkennt deren Gefühle. Wenn ein Baby weint, geht es vielleicht hin und streichelt den Kopf. Mit etwa zwei Jahren interessiert es sich auch zunehmend für die Tätigkeiten anderer Kinder und versucht, Sachen nachzumachen. Richtig zusammen spielen können Kinder allerdings erst mit etwa drei Jahren – vorher spielen sie bestenfalls friedlich nebeneinander.

Was genau ist eigentlich U 1 BIS X?

»U was?«, fragt man sich noch beim ersten Kind, wenn es einige Tage nach der Geburt zur U 2 soll, und: »Wieso überhaupt 2; wann war denn U 1?« Aber schon nach einem halben Jahr (= vier U's später) hat man U-Routine; manche Eltern sehnen sich geradezu nach der nächsten, denn zu gerne bekommt man bestätigt, dass man doch ein hochintelligentes, motorisch topentwickeltes Kind hat – und außerdem kann man bei der U (U = Untersuchung) den Arzt so schön mit allen anfallenden Fragen löchern.
Die Kindervorsorgeuntersuchungen werden seit Anfang der 70er-Jahre von den Krankenkassen bezahlt, denn sie gelten als wichtiges Instrument zur Früherkennung von Erkrankungen und Entwicklungsverzögerungen.
Die U 1 finde – für viele Eltern unbemerkt – schon kurz nach der Geburt statt. Hier wird der Allgemeinzustand des Säuglings beurteilt, z. B. Atmung, Herzschlag, Reflexe, Muskeltonus. Das Ergebnis findet sich u. a. im sogenannten **APGAR**-Wert wieder.

WISSENSCHAFT

Der APGAR-Test wurde 1950 von der amerikanischen Ärztin Virginia Apgar entwickelt. Nach einem Punktesystem werden Atmung (A), Puls (P), Grundtonus (G), d. h. Bewegungen, Aussehen (A) und Reflexe (R) bewertet. Höchste »Punktzahl« ist 10.

Die U 2 findet bereits am 5. bis 10. Lebenstag statt; auch hier geht es um Allgemeinzustand und Reflexe, außerdem um eventuelle Stoffwechselerkrankungen und Fehlhaltungen.
Es folgt die U 3 (4.–7. Woche) – eine der wichtigsten Vorsorgeuntersuchungen. Jetzt wird das Kind besonders sorgfältig gewogen und gemessen, oft wird ein Ultraschall der Hüfte gemacht, um Fehlstellungen auszuschließen bzw. schnell behandeln zu können. Außerdem werden ausführlich Reflexe und Reaktionen getestet und die motorischen Fähigkeiten überprüft. Eventuell wird direkt im Anschluss an die U 3 auch schon die erste Impfung gemacht.
Die folgenden U's laufen ähnlich ab – die zeitlichen Abstände werden dabei immer größer. Alle Ergebnisse der Untersuchungen werden in DasGelbeHeft eingetragen. DasGelbeHeft wird von vielen Eltern wie eine Trophäe behandelt; schließlich sind hier alle wichtigen Daten versammelt. Vor allem in den ersten Monaten, wenn sich das Gewicht in 1000-Gramm-Schritten erhöht, blättert man gerne zu Hause noch mal vor und zurück. Auch die mysteriösen »Somatogramme« auf den letzten Seiten sind ein Spaß für sich: »Guck mal, Schatz: Annalena liegt genau auf der Normalkurve, und stell dir vor, der Emil, der ist so schwer, der liegt außerhalb des angegebenen Bereichs!«
Die Kinderärzte geben allerdings nicht sooo viel auf diese Linien im Diagramm, denn es ist letztendlich nicht sonderlich aussagekräftig, ob ein Kind auf der oberen oder der unteren Kurve »liegt«. Solange ein Kind stetig zunimmt und wächst, ist es ziemlich egal, in welchem Kurvenbereich die Kreuzchen sind (siehe S. 117). Aufmerksam werden Ärzte bei einem Knick in der Kurve und natürlich bei sehr auffälligen Abweichungen.

Entwicklung des Kindes

BEWEGEN UND GREIFEN

Irgendwie dachte man, Babys würden praktisch mit einer Rassel in der Hand zur Welt kommen und sich von da an gegen Langeweile und andere Widrigkeiten immer lustig was vorrasseln. Tatsächlich schaffen es Kinder erst mit etwa vier bis fünf Monaten, ein Spielzeug zu greifen und festzuhalten! Neugeborene können erschreckend wenig. Eigentlich nur trinken, nuckeln, schreien und unkoordiniert treten und fuchteln. Eltern stehen da vor allem in den ersten drei Monaten oft etwas ratlos vor ihrem Kind. Umso größer die Freude, wenn das Baby sich mit etwa 12 Wochen wortwörtlich entspannt und allmählich vom hilflosen Wesen zum richtigen Kind wird: Es wird ruhiger, weil es seine Umgebung besser wahrnimmt (siehe auch S. 124), und es wird kräftiger. Wenn man das Baby in Rückenlage an den Händen fasst und etwas hochzieht, kann es den Kopf mitnehmen! In der Bauchlage kann es den Kopf jetzt sogar allein heben. Erst stützt es sich dabei auf die Ellenbogen, später auf die Hände.

Fortbewegung

Mit etwa fünf Monaten beginnen auch die ersten Drehbewegungen, die bald dazu führen, dass das Kind allein seine Position verändern kann. Zuerst dreht sich das Baby von der Seite auf den Rücken und vom Rücken auf die Seite. Als nächstes dreht es sich vom Bauch auf den Rücken und zuletzt vom Rücken auf den Bauch. Manche Kinder finden für sich auch eine andere Reihenfolge und vor allem einen anderen Zeitpunkt. Es gibt durchaus Kinder, die sich mit sechs Monaten noch nicht drehen können. Andere können sich schon mit vier Monaten durchs ganze Zimmer rollen, was für die Eltern ziemlich stressig sein kann, weil die Kinder plötzlich unter dem Sofa liegen und brüllen, anstatt sich ruhig mit dem Spielzeug zu beschäftigen.

Entsprechend unterschiedlich ist die weitere motorische Entwicklung: Einige Kinder beginnen mit sechs Monaten zu robben, andere erst mit zehn, wieder andere überspringen diese Fortbewegungsart und fangen mit acht Monaten an zu krabbeln. Es gibt Kinder, die sind die Ruhe selbst: Sie bewegen sich generell und von Anfang an wenig und wenn, dann nur gemächlich. Und manche Kinder machen es ganz anders und krabbeln gar nicht, sondern kommen stattdessen sitzend-rutschend voran.

Apropos sitzen: Man dachte ja eigentlich, dass das Kind spätestens mit einem halben Jahr im Hochstuhl mit am Tisch sitzt. Wieder ein Irrtum: Frühestens mit acht Monaten können sich Kinder allein hinsetzen, und erst dann sollte man sie auch längere Zeit frei sitzen lassen.

Die meisten Kinder können sich zwischen neun und zwölf Monaten hochziehen und beginnen dann, an Wänden oder Möbeln entlang zu gehen. Mit dreizehn Monaten können viele Kinder allein laufen, manche aber auch erst (viel) später. Mit einigen Monaten Übung in der Disziplin »Aufrechter Gang« wagt sich das Kind an die nächsten Schwierigkeitsstufen: Rennen und hüpfen (mit etwa 18 Monaten), Treppen steigen (mit etwa zwei Jahren, zunächst immer erst beide Füße auf eine Stufe), Laufrad fahren, klettern und springen (mit etwa zweieinhalb).

Hand-Auge-Koordination

Mit drei Monaten betastet ein Kind mit der einen Hand die andere. Seine Rassel kann es frühestens mit etwa vier Monaten halten, aber nur kurz. Mit fünf oder sechs Monaten greift es zielsicher nach Spielzeug und kann es festhalten bzw. hin- und herschwenken. Mit einem halben Jahr entdeckt es die eigenen Füße. Den berühmten Pinzettengriff lernen Kinder etwa mit neun Monaten. Jetzt können Sie Erbsen servieren, und Ihr Kind wird stundenlang mit Essen beschäftigt sein (falls es ein geduldiger Charakter ist …).

WISSENSCHAFT

Der Greifreflex ist angeboren und wird durch Druck auf die Handinnenfläche ausgelöst. Das diente evolutionsgeschichtlich dazu, dass sich das Neugeborene an der Mutter festkrallen konnte. Das zielgerichtete Greifen aber muss erst gelernt werden. Zuerst ergreift das Baby alles mit der ganzen Hand. Dann kann es sich Dinge von einer in die andere Hand reichen. Und schließlich ist die Feinmotorik so weit entwickelt, dass es mit Daumen und Zeigefinger kleine Dinge aufheben kann. Das nennt man Pinzettengriff.

05 **Entwicklung des Kindes**

Mit etwa neun Monaten entdecken Kinder die wunderbare Wirkung der Schwerkraft und erfreuen sich endlos an einem super Spiel (auch Eltern-Terror genannt): Teddy loslassen, Teddy fällt, Mama/Papa hebt auf – von vorne.
Mit zehn Monaten möchten Kinder gern Dinge hergeben, wissen aber nicht, wie sie sie loslassen sollen. Deshalb fuchteln sie wild mit den Armen, um den Gegenstand loszuwerden, was oft damit endet, dass Sachen durch die Gegend fliegen. Nicht schimpfen, das ist ein Übungsprogramm! Ein paar Monate später kann das Kind dann nämlich sogar Bälle werfen.
Während sich Einjährige vor allem dem Ein- und Ausräumen von Schachteln, Schubladen und Regalen widmen, erwacht mit etwa eineinhalb das Interesse am Stapeln von Dingen – was oft im Frust endet, weil Kinder nicht wissen, welche Gegenstände sich gut stapeln lassen (Bauklötze) und welche eher nicht (Bananen). Mit zwei Jahren ist nach der Höhe die Länge dran: Das Kind legt jetzt gerne Schlangen aus allem Möglichen (= horizontales Bauen). Erst frühestens mit drei Jahren sind Kinder in der Lage, sehr einfache dreidimensionale Gebilde zu bauen. Ein richtiges Legohaus werden Sie vermutlich nicht zu Gesicht bekommen, bevor Ihr Kind dreieinhalb ist – sorgen und wundern Sie sich nicht, wenn es bis dahin nur wahllos Steine anordnet. Es muss erst eine räumliche Vorstellung und ein funktionelles Verständnis (das Dach ist oben, die Tür ist an der Seite etc.) entwickeln!

FREMDE UND WIEDERGEFUNDENE WÖRTER

BABYTRAINER
[bebitrɛːnɐ]

Ein trapezförmiges Gestell, von dem unterschiedliche Rasseln, Männchen, Spiegel etc. baumeln. Das noch bewegungsunfähige Baby soll auf dem Rücken darunter liegen und seine Hand-Auge-Koordination trainieren. Es gibt gefühlt 500 verschiedene Modelle von 15 bis 50 Euro. Die Luxusvariante heißt »Activity-Decke«, sieht noch gruseliger aus und kostet gerne mal 100 Euro. Sobald sich das Baby fortbewegen kann, verlässt es diesen Ort.

KACKI
[kaki]

Würde man im Büro einem Kollegen, der gerade die Toilettenräume verlässt, quer über den Flur zuschreien: »Hast du Kacki gemacht?«, gäbe es vermutlich einen mittleren Eklat. Auf dem Spielplatz dagegen gehört dieser Ruf (und schlimmere) zur Normalität. Fest steht: Als Eltern braucht man plötzlich ein Wort für »Stuhlgang«. Welches man da wählt, bleibt jedem selbst überlassen. Fest steht aber auch: Es ist nicht unbedingt erforderlich, dieses Wort in Gegenwart von Dritten oft und laut zu verwenden …

HOCHBEGABT
[hoːxbɛgaːpt]

Seitdem die Leute weniger, aber bewusster Kinder bekommen, wird das Adjektiv »hochbegabt« inflationär benutzt. Viele Eltern suchen verzweifelt nach Anzeichen einer Hochbegabung und deuten dann auch gerne die Tatsachen um. Er ist zwei Jahre und spricht kein Wort? Könnte hochbegabt sein! Es soll ja Kinder geben, die sehr spät sprechen, aber dann praktisch unmittelbar über das Sein und das Nichts philosophieren. Oder ihr Genie aufsparen, um mit zwei Jahren den Satz des Pythagoras neu zu bilden. Auch wenn es schwerfällt: Glauben Sie keine dieser Geschichten! Das ist wie mit der Spinne in der Yucca-Palme. Klingt gut, aber stimmt nicht. Und Hochbegabung ist wirklich kein Muss!

SPRECHEN UND VERSTEHEN

Lange bevor Kinder sprechen lernen, können sie kommunizieren. Säuglinge tun das zuerst durch Schreien (= Unbehagen) oder Nicht-Schreien (= Wohlbehagen). Mit etwa sechs Wochen kommt das von allen Eltern ersehnte Lächeln dazu – das Baby teilt damit Zufriedenheit mit. Ein weiterer Meilenstein ist das stimmhafte Lachen oder Kichern mit ungefähr drei Monaten. Endlich kann man mit kleinen Albereien vom Schreien ablenken: Papa macht Grimasse, Kind lacht – Kommunikation de Luxe, nachdem man monatelang vergeblich auf eine richtige Reaktion gewartet hat!

Lautentwicklung

Viel früher, als man denkt, »spricht« das Kind dann tatsächlich schon erste Laute: Mit acht Wochen versucht es sich zunächst an Vokalen wie »o« und »a«, dann macht es immer häufiger und anhaltender gurgelnde Geräusche wie »örrel«. Mit etwa drei Monaten widmet sich das Baby den ersten Konsonanten und erweitert seine Plauderei um »ge«, »gn« oder »bö«. Von Anfang an freut sich das Kind, wenn Sie seine Laute wiederholen – und wenn es gut aufgelegt ist, kann es Ihnen auch »böböbö« oder »ohhh« nachahmen. Ein erstes Gespräch! Überhaupt sollte man von Geburt an viel mit dem Baby sprechen, in seinen eigenen Lauten, in Babysprache und natürlich auch »ganz normal«. Auch Lieder und Reime helfen beim Spracherwerb. Was nicht heißt, dass Sie den ganzen Tag auf Ihr Kind einreden oder -singen müssen – sprechen lernen Kinder ohnehin von allein und in ihrem ganz eigenen Rhythmus.

Das erste Wort

Nach dieser erstaunlichen Entwicklung in den ersten Wochen wartet man praktisch täglich darauf, morgens mit einem erfreuten »Mama« begrüßt zu werden – das sind schließlich nur zwei gleiche Silben! Vergessen Sie's. Stattdessen passiert nämlich erst einmal lange Zeit gar nichts in Sachen sprechen. Die Konsonanten werden ein bisschen erweitert, das Gurren und Brabbeln nimmt zu, die Tonhöhe variiert.

Das erste richtig gesprochene und richtig angewendete Wort wird frühestens mit acht Monaten geäußert und ist ein knappes, eher unspektakuläres »Da!«, das bei den begeisterten Eltern einen unendlichen »Wo ist …?«-Fragereigen hervorruft. Zu schön ist die Erkenntnis, dass das Kind jetzt antworten kann!

Verstehen kann Ihr Baby erste Wörter allerdings schon mit etwa sechs Monaten. Es guckt zu Mama oder Papa, wenn jemand diese Wörter laut ausspricht, bald erkennt es auch die Namen von vertrauten Gegenständen wie »Schnuller«, »Teddy« oder »Bett«, und es lernt die Bedeutung von Begriffen wie »spazieren gehen«, »schlafen« oder »essen«. Mit etwa zwölf Monaten dann – tatatata! – spricht es die ersten Wörter, die über »Da!« hinausgehen.

Abb. Das erste Wort

Wenn sich Ihr Kind weigert, das Grundvokabular Mama, Papa, Ball zu lernen, versuchen Sie es doch mal mit anspruchsvolleren Wörtern (Propaganda, Barbarei, balla-balla). Aber seien Sie nicht enttäuscht, wenn es nicht klappt.

Viele Kinder können zuerst »heiß«, »Ball« oder – sehr beliebt! – »Nein!« sagen. Die meisten sagen übrigens erst »Papa« und dann »Mama«, weil der P-Laut sich leichter spricht. Es kann aber auch durchaus länger als ein Jahr dauern, bis Ihr Kind Sie anspricht oder irgendein anderes erkennbares Wort äußert – das sollte Sie nicht beunruhigen.

Wenig sprechen, viel verstehen

Im Alter von einem Jahr kann das Kind vielleicht noch kein Wort oder nur wenige einfache Wörter sprechen (= aktiver Wortschatz), aber es versteht schon konkrete Anweisungen wie »Komm mit«, »Setz dich« oder »Gib mir den Löffel« (= passiver Wortschatz). Es kann immer mehr Gegenstände oder Bilder in Büchern identifizieren, d. h. darauf deuten, wenn man fragt: »Wo ist der Hund?« Mit der Zeit kann es immer weiter differenzieren: Während anfangs alle vierbeinigen Tiere als Hund gelten, kann es bald Pferde, Elefanten etc. unterscheiden. Indem es darauf zeigt, wie gesagt; die entsprechenden Vokabeln kommen erst nach und nach ins Spiel. Wann ein Kind welche und wie viele Wörter sprechen kann, ist sehr unterschiedlich. Im Durchschnitt hat ein eineinhalbjähriges Kind einen Wortschatz von 30–40 Wörtern, mit zwei Jahren sind es bis zu etwa 200 Wörter.
Mit etwa 18 Monaten beginnen Kinder, die berühmten Zweiwortsätze zu bilden, d. h. zwei Wörter in einen Sinnzusammenhang zu setzen: »Wauwau weg« oder »das alle« oder »Essen heiß«. Jetzt sagt es außerdem sehr gerne »Nein!« und benutzt seinen eigenen Namen. Im dritten Lebensjahr gebrauchen die Kinder dann allmählich persönliche Fürwörter: mit etwa 24 Monaten zunächst »mein(s)«, dann »du« und schließlich »ich«. Viele Eltern sind überrascht, wie schnell ihr Kind jetzt neue Wörter aufschnappt und Sinnzusammenhänge begreift. Andererseits ist es sehr unterschiedlich, wie viel Kinder reden, was sie mitteilen können, wie deutlich sie sprechen etc.

Kleine Quasselstrippen

Wenn die Sprachentwicklung erst mal in Gang gekommen ist, plaudern viele Kinder den ganzen Tag vor sich hin oder auch auf ihre Eltern ein. Ein bisschen anstrengend manchmal, aber vor allem ganz unglaublich süß! Mit etwa zweieinhalb Jahren können sie kurze Reime sprechen und einfache Lieder nachsingen – aber natürlich auf ihre Weise, meist vereinfacht und verkürzt: »Lula Ja, läfste noch, niche hörste Locken, ding-dong-dong« – seien Sie nicht enttäuscht, wenn Außenstehende hier nicht sofort einen bekannten Kanon heraushören! Selbst Dreijährige sprechen noch nicht alle Wörter richtig aus – vor allem das »sch« und komplizierte Lautverbindungen wie »kl«, »dr« oder »pfl« bereiten oft noch Schwierigkeiten, außerdem lispeln nicht wenige Kinder in dem Alter.

Viele Kinder können mit zweieinhalb bis zehn zählen, eine Tatsache, die Eltern sofort an Hochbegabung glauben lässt. Aber zählen ist auch eine Art Reim oder ein Lied; es bedeutet nicht, dass das Kind eine Menge bis zehn (oder auch nur fünf) erfassen kann. Das können nämlich die meisten Kinder noch nicht einmal bei der Einschulung. Jetzt unterscheidet es nur zwischen »eins« und »viele« – auch schon eine Leistung! Mit drei Jahren haben die meisten Kinder auch schon eine ungefähre Zeitvorstellung: Sie benutzen z. B. Wörter wie »gestern« für alles Vergangene und »morgen« für alles Zukünftige.

Außerdem entdecken die viele Kinder mit etwa zweieinhalb die Welt der Fragewörter, zunächst »Was?« und »Wo?« und schließlich dann das beliebte Wörtchen »Warum?«, mit dem sie ab sofort Eltern genauso wie Fremde zur Verzweiflung treiben durch inflationären Gebrauch. Nicht weil sie nerven wollen, sondern weil die Welt für sie noch immer recht unüberschaubar ist. Deshalb möchten Kinder Dinge, die sie eigentlich wissen, immer wieder bestätigt bekommen – eine Art Absicherung der eigenen Erkenntnisse!

TIME-OUT

10 Minuten, um über *Ihre* Entwicklung nachzudenken

Nach drei Jahren werden Sie vor Ihrem Kind stehen und sich fragen, wo die Zeit geblieben ist. Wie konnte aus dem hilflosen, schreienden Wurm so schnell ein Kleinkind werden, das lustige Lieder singt und beachtliche Wutanfälle kriegt, ganz schnell laufen kann und schon so viele Zähne hat??? Aber was ist mit Ihnen – wie haben Sie sich entwickelt? Es soll ja Menschen geben, die ihr Leben mit Kind genauso weiterführen wie vorher und sich regelmäßig Auszeiten gönnen. Wenn Sie hinter jede der folgenden Aussagen ein Häkchen machen können, dann gehören Sie zu dieser seltenen Spezies.
Bei weniger als drei Häkchen müssen Sie noch an sich arbeiten. Oder einfach über den Lieblingssatz aller Eltern meditieren: Es ist alles nur eine Phase …

- ☐ Ich habe mindestens ein kinderfreies Hobby.
- ☐ Ich kann mich an Diskussionen über die Weltpolitik beteiligen.
- ☐ Ich gehe einmal pro Woche abends aus.
- ☐ Wir gehen einmal im Monat gemeinsam als Paar aus.
- ☐ Wir haben einen verlässlichen Babysitter und nutzen ihn.
- ☐ Ich kann die Handlung von drei aktuellen Kinofilmen nacherzählen.
- ☐ Ich denke maximal einmal am Tag über die Gesundheit meines Kindes nach.
- ☐ Ich kenne mehr Bars als Bioläden.
- ☐ Auf meiner To-do-Liste stehen weniger als fünf Dinge.
- ☐ Ich nutze den Fernseher hauptsächlich zur Information.
- ☐ Ich habe in den letzten Jahren beim Aufwachen mitunter die Ziffern 10:00 gesehen.

REGISTER

Autorin und Illustratorin

Die Autorin

Katharina Mahrenholtz ist Autorin, Hörfunkredakteurin und Familien-Animateurin für zwei Kinder. Ihre persönliche Bespaßungshitliste: 1. Lieder singen. 2. Puzzlen. 3. Plätzchen oder Kuchen backen, aber nicht zu oft, denn ein (großer) Teil des Teigs landet auf dem Fußboden, ein (zu großer) Teil wird heimlich roh gegessen, ein (kleiner) Teil wird von den Kindern bearbeitet – und der (große, große) Rest wird dann von Mama erledigt. Unbeliebteste Beschäftigungen: 1. Rollenspiele (»Mama, du bist Herr Nilsson, und ich bin Pippi Langstrumpf!«). 2. Kneten (»Kannst du ein Pferd mit Sattel?« Hrrgf.). 3. Verstecken spielen (»Such mich! Ich bin unterm Bett!« Und noch mal. Und noch mal.). Zum Glück gibt es Papa für Kreatives und Clown-Action. Und die Puppen für Rollenspiele aller Art.

Die Illustratorin

Dawn Parisi ist freie Illustratorin, und mit diesem Band liegt bereits das siebte von ihr illustrierte Werk aus dem Sanssouci-Verlag vor. Darüberhinaus ist sie Expertin für das Thema Kleinkinder und Förderung. Neben Fluchtimpulsen und Erholungsbedarf fördern Kleinkinder immer wieder den Clown in ihr zutage und – wenn sie Glück haben – jede Menge bei Mamas nicht erlaubten Süßkram.